浙江省高校新型智库地方财政研究院智库丛书
浙江财经大学中国乡村振兴研究院

共同富裕

余丽生 等 / 著

浙江实践的典型案例

COMMON PROSPERITY

A Typical Case from Zhejiang's Practice

中国财经出版传媒集团
经济科学出版社
Economic Science Press

前言

习近平总书记指出,人民对美好生活的向往,就是我们的奋斗目标。党的十九届五中全会提出建设高水平共同富裕。《中华人民共和国国民经济和社会发展第十四个五年规划和2035年远景目标纲要》明确提出"全体人民共同富裕迈出坚实步伐",支持"浙江高质量发展建设共同富裕示范区"。作为改革开放的先行地、沿海经济发达地区,浙江省委、省政府一直高度重视区域的均衡发展和城乡的融合发展,浙江省的共同富裕建设一直走在全国前列。中央财经委员会第十次会议强调,提出要坚持以人民为中心的发展思想,在高质量发展中促进共同富裕,正确处理效率和公平的关系,构建初次分配、再分配、三次分配协调配套的基础性制度安排,加大税收、社保、转移支付等调节力度并提高精准性,扩大中等收入群体比重,增加低收入群体收入,合理调节高收入,取缔非法收入,形成中间大、两头小的橄榄型分配结构,促进社会公平正义,促进人的全面发展,使全体人民朝着共同富裕目标扎实迈进。

这为高质量发展共同富裕明确了方向,必须从初次分配、再次分配、三次分配着手,推进高质量共同富裕发展。

一是初次分配,要做好发展的文章,实现更加富裕。初次分配是共同富裕的基础,因为实现共同富裕首先得有财富的创造,没有财富的创造共同富裕只能是无源之水。实现共同富裕要靠发展,这是分配的前提,没有经济社会的发展,何来财富的分配。发展就是要做大经济蛋糕,创造更多的国民收入，使社会财富的分配有来源。尽管收入分配有利于共同富裕的实现，但仅依靠收入分配的调节无助于共同富裕的实现，收入分配是实现共同富裕的手段，最终的实现要靠发展，这是共同富裕的要求。经过改革开放40多年的发展，我国经济社会发展很快，到2020年底国内市场总值突破100万亿元，达到101.6万亿元，从2009年起就成为全球第二大经济体，这为共同富裕创造了条件。但与我国14亿人口相比，人均国内生产总值刚刚突破一万美元，发展水平还有待进一步提高，发展的任务依然艰巨，还存在地区发展不平衡、城乡发展差距大等问题，一些行业和领域的关键技术或关键产品还受制于人，补短板的任务艰巨。因此，面对不确定的外部世界以及国内外发展环境的变化，必须始终把发展放在首位，把人民对美好生活的追求放在首位，创造更好的发展环境，把资源优势转化为经济优势和发展优势，补好经济发展的短板，推动更高质量的发展。财政政策实施要更加积极有为，加大对经济发展的支持力度，落实好减税降费的政策，利用政府产业基金等政策工具，推动经济结构的调整，重点支持数字经济的发展和传统产业的数字化发展，把经济的蛋糕做得更大，把财政发展的基础做得更加扎实，使高质量共同富裕的实现有坚实的基础。

二是再次分配，要做好托底的文章，实现更加公平。再次分配是实现共同富裕的重要保障，没有再次分配的调节，仅靠初次分配难以实现共同富裕，而通过再次分配用政府"有形之手"矫正市场"无形之手"，把"无形之手"和"有形之手"结合起来，才能实现共同富裕。初次分配强调效率优先，把国民收入的"蛋糕"做大，而再次分配则以公平优先兼顾效率，通过财政转移支付、社会保障等政策手段，把"蛋糕"切好，以共享改革发展成果，实现共同富裕。到2020年底，我国如期实现了全面脱贫的目标，全面建成小康社会，进入社会主义现代化建设新时期，实现了"有饭吃""有学上"等方面的发展目标，但是，解决了

"扶一把"，还得"送一程"，要巩固脱贫成果，防止脱贫返贫，这是共同富裕的难点，我国这方面的任务依然存在并且在有些地区任务依然艰巨。再次分配要把重点放在解决地区差距、城乡差距等方面，要加大对中西部地区、偏远地区的公共服务的投入力度，加大对困难群体、低收入群体的扶持力度，增加低收入家庭和低收入人口的收入水平，做好托底的文章，并逐步把托底的"底"抬高。财政政策是再次分配的重点，要制定更加公平的政策，转移支付要加大向中西部地区尤其是偏远地区的倾斜力度，提高这些地区公共服务的水平，尽量避免贫困的代际传承，实现偏远地区的跨越式发展。同时，要逐步健全社会保障体系，提高社会保障水平，尤其是医疗保险和养老保险水平，加大社会保险的救助力度，做到应保尽保，给困难家庭更多的资助，以避免因病返贫、因残返贫、因灾返贫等问题的产生。当然，财政政策在注重公平分配的前提下，也要提高效率，把财政资金用好，提高财政资金使用绩效，以实现"少花钱多办事，办好事"。

三是三次分配，做好奉献的文章，实现更加均衡。三次分配是共同富裕的重要补充，在初次分配和再次分配的基础，发挥三次分配的作用，主要是要发展社会的慈善事业，重点是要鼓励企业家、社会成功人士，一部分先富起来的人更多地参与社会捐赠，回馈社会，帮助更多的社会成员，实现共同富裕。如果说初次分配是做大蛋糕，扩大中产阶级群体的话，再次分配则是托底，抬高低收入群体的收入水平，那么三次分配更多是调节高收入群体的收入水平，即通过初次、再次、三次分配的调节，达到"限高、扩中、托底"的目标，形成橄榄型的社会分配格局，实现共同富裕。随着我国居民收入水平的提高，一部分先富起来的群体有了一定的财富积累，从事慈善事业有了一定的经济基础和社会基础。同时，从事慈善事业也是一部分先富起来的人的价值追求，政府和社会要鼓励和引导慈善事业的发展，为企业家和社会成功人士从事慈善事业提供更多的机会、创造更多的条件，形成从事慈善事业光荣、从事慈善事业人人有责的社会氛围，使从事慈善成为企业家和社会成功人士的自觉行动。当然，从事慈善事业必须是自觉的，发自内心的，政府和社会不能强求，否则，会影响慈善事业的发展。财政政策在三次分配中的作用举足轻重，是推进三次分配的重要因素，一方面要建立引导三次分配的政策，给参与捐赠的企业家一定的税收优惠，给慈善事业以政策支持；另一方面也要通过房产税、遗产税等的开征，使更多的企业家愿意从事慈善事业，财政政策要更多通过间接手段进行引导和调节，为三次分配创造更好的条件。

浙江作为改革开放的先行地，沿海经济发达地区，浙江省委省政府一直高度重视区域的均衡发展和城乡的融合发展，共同富裕走在全国前列。2020年浙江城镇和农村居民人均可支配收入分别达到62699元和31930元，城乡居民收入比为1.96∶1，自1993年以来首次降至2以内，城乡居民收入水平已经分别连续第20年和第36年位列全国各省区首位。在高水平共同富裕建设的过程中，各地积极探索，积累了不少成功经验，而这些经验对全国各地的共同富裕实践是有借鉴的，有些是可复制的，值得推广的。

如何总结这些成功案例，为共同富裕发展服务，是一项非常有意义的工作，作为省级高校新型智库的地方财政研究院在这方面应有所作为。我自2020年下半年以来围绕共同富裕主题做了大量调研工作，并与有关市县财政部门、农业农村部门，以及有关乡镇机关、街道社区工作人员进行交流，调研思路得到了充分肯定和大力支持。

整个研究工作由我主持并提出研究思路，同时作为本书的主要撰写人对全书进行统稿。调研工作得到了浙江财经大学，以及建德、桐庐、乐清、瑞安、长兴、德清、桐乡、平湖、柯桥、诸暨、嵊州、新昌、东阳、磐安、龙游、常山、舟山、定海、普陀、温岭、玉环、天台、仙居、

前 言

缙云、松阳、庆元、景宁等县（市）财政局、农业农村局，横店、花园等镇（街道）、乡村的大力支持。参与本书写作的人员有：郭锦明、邵钦祥、钱静、吴芳、郑赟、仇德龙、郑可仁、谢钦袖、沈颖、褚洁滢、沈锋、金莉、吴俊英、宣奇恺、邢锋、张海永、黄楚楚、张苏炯、黄婵花、张巧玲、陈新会、徐颖娜、曹遥威、潘敏、胡科峰、唐伟、杨楠、陈慧潇、盛杰星、许秋阳、朱水星、朱航、朱婵君、钱园凤、王梦萍、林昌伟等。

共同富裕是一项长期的任务，需要做的事情很多，在共同富裕实践中有成效和创新的案例也很多，囿于本人知识和能力的限制，本书仅选择了部分实践案例进行研究，错误和不当之处，敬请批评指正。本书的出版得到经济科学出版社的支持，在此一并致谢！

余丽生

2021 年 8 月

目 录
CONTENTS

001 导论：迈向共同富裕新征程

第一篇 产业发展与共同富裕

017 横店镇："共创、共有、共富、共享"的富民强镇之路
023 缙云县：把"小烧饼"做成富民"大产业"
029 嵊州市：以小吃产业助推共同富裕示范区建设
035 磐安县：做强中医药产业 带动共同致富
045 分水镇：制笔小产业带动大发展
053 桐庐县："快递人之乡"向"快递产业之乡"转变

第二篇 产业融合发展与共同富裕

059 松阳县：把小茶叶发展成富民大产业
065 仙居县：产业融合 "小杨梅"实现大发展
072 常山县：把胡柚产业发展成为共同富裕的大产业
080 同山镇：同山烧全产业链建设助力乡村振兴
086 建德市：草莓小镇三产融合的发展之道

第三篇　农业发展与共同富裕

- **095**　缙云县：精准扶持"五彩农业"的富民之路
- **102**　景宁县：打造共建共享的"景宁600"区域公共品牌
- **108**　浦江县：葡萄种植让村民走向共同富裕
- **115**　庆元县：把甜桔柚作为助农增收的重要产业来发展
- **122**　漓渚镇：数字赋能使小兰花撬动大产业

第四篇　集体经济发展与共同富裕

- **129**　花园村："以工强村、以商兴村"　共同富裕的花园实践
- **140**　平湖市：创新"飞地"抱团强村模式
- **147**　吕山乡：以智慧循环产业发展带动乡村振兴
- **152**　瑞安市：构建农村宅基地"三权分置"改革新机制
- **158**　普陀区："三化"盘活乡村闲置房产　促进共同富裕

第五篇　乡村旅游发展与共同富裕

- **165**　德清县：发展民宿的"莫干山"现象
- **171**　后岸村：从吃"石板饭"到吃"旅游饭"的美丽蝶变
- **176**　黄沙岙："四轮驱动"让小渔村走向共同富裕
- **182**　温岭市：打造革命老区"富春山居图"

第六篇　农民增收与共同富裕

- **189**　桐乡市：多渠道助推低收入农户增收致富
- **196**　龙游县：以"异地搬迁"打造共同富裕示范样板
- **201**　下山头村："薪金+租金+股金"的村企共建新模式
- **208**　宁溪镇："农合联+龙头企业+低收入农户"的靶向式产业扶贫

第七篇　乡村治理与共同富裕

- **215**　玉环市：以多维模式助推共同富裕先行示范市建设
- **220**　马屿镇：构建"三位一体"农村综合合作新模式
- **227**　曹村镇：以集聚"乡贤能人"资源协力推动共同富裕
- **233**　外婆坑村：选好致富带头人的外婆坑村实践

附录

- **239**　《中共中央　国务院关于支持浙江高质量发展建设共同富裕示范区的意见》（2021年5月20日）

导论：迈向共同富裕新征程

共同富裕是社会主义本质要求，是人民的共同期待。浙江是"中国革命红船的起航地、改革开放的先行地、习近平新时代中国特色社会主义思想的重要萌发地"，浙江要成为"全面展示中国特色社会主义制度优越性的重要窗口"。这一特殊地位，赋予了浙江高质量建设共同富裕的新使命。经过改革开放40多年的发展，浙江在高质量建设共同富裕方面"干在实处，走在前列"，许多做法和经验，对推进高质量共同富裕建设有重要的现实意义。

一、什么是共同富裕

共同富裕是社会主义本质要求，是人民群众的共同期望。党的十九届五中全会提出"全体人民共同富裕取得更为明显的实质性进展"。2021年1月28日在省部级主要领导干部学习贯彻党的十九届五中全会精神专题研讨班开班式上，习近平总书记强调，"实现共同富裕不仅是经济问题，而且是关系党的执政基础的重大政治问题"。习近平总书记8月17日主持召开中央财经委员会第十次会议，研究扎实促进共同富裕问题。习近平总书记在会上发表重要讲话时强调，共同富裕是社会主义的本质要求，是中国式现代化的重要特征，要坚持以人民为中心的发展思想，在高质量发展中促进共同富裕。共同富裕成为当前和今后经济社会发展的重点，成为以人民为中心执政理念的具体行动要求。

要实现共同富裕必须全面认识和理解共同富裕，才能更好地落实和推进共同富裕。何为共同富裕？我们的理解首先是富裕，这是共同富裕的前提，没有富裕的基础，谈不上共同富裕，那只能是平均主义，共同贫困。2013年7月1日，世界银行根据人均国民总收入水平做出的分类为：低收入为1035美元以下，下中等收入为1036~4085美元，上中等收入为4086~12615美元，高收入为12616美元以上。虽然世界银行的标准不是绝对的，但可以作为富裕的参考指标，把经济发展好，把国民收入的"蛋糕"做大，这是共同富裕的基础，也是共同富裕的保障。同时，光有富裕，社会成员的收入差距过大，那也不是共同富裕。国际上衡量收入差距通常用基尼系数，基尼系数是测定收入分配差距程度的重要分析指标，也是国际上通用的、用来综合考察居民内部收入分配差异状况的重要分析指标。国际惯例把基尼系数在0.2以下视为收入高度平均，基尼系数在0.2~0.3之间视为收入差距比较平均；基尼系数在0.3~0.4之间视为收入差距相对合理；基尼系数在0.4~0.5之间视为收入差距较大；当基尼系数达到0.5以上时，则表示收入悬殊。因此，共同富裕必须是在富裕的基础上，社会成员之间的富裕程度要保持同步，收入差距比较小或者说收入差距在社会能够接受的范围，这是共同富裕的要求。

共同富裕的内在要求体现在多方面。一是城乡之间要均衡发展。城乡之间的差距是客观事实，政府的目标是要逐步缩小这种差距，国家推行的许多针对农村的政策，如新农村建设、乡村振兴战略等，目的就是为了缩小城乡之间的差距。只有城市的现代化，没有农村的现代化；只有城市的发展，没有农村的发展，都无法实现共同富裕。20世纪八九十年代出现的"拉美陷阱"就是因为没有处理好城乡关系，导致大量农村人口涌入城市，给城市带来交通、住房、就业等压力，以致出现社会治安恶化、犯罪率上升等社会问题。因此，共同富裕要体现城乡之间的均衡，使城乡同步发展，农村也能享受改革开放的成果，使农村建设"看得见水，望得见山，记得住乡愁"。二是区域之间要均衡发展。由于地理、历史、自然的原因，各地资源禀赋、发展条件、生产环境不同，地区之间的差距是客观存在的，这是不以人的意志为转移的。各地要充分发挥市场在资源配置中的决定性作用，重视和发挥市场的调节作用，而当市场作用不到或作用不好，出现地区差距过大、地区发展失衡的情况时，要发挥政府的作用，通过政府的转移支付、政策支持推动区域均衡发展，如西部大开发、东北振兴、中部崛起等，其目的就是为了推动区域的均衡发展，实现共同发展、共同富裕。三是群体之间要均衡发展。由于社会分工的不同，以及人的能力大小不一，甚至是机会的不均等，社会群体之间是有差异、有分工的，这是社会存在的客观事实，群体之间的差异是客观存在的。群体之间的差异有利于促进社会竞争，推动社会发展。现代社会就是要创造公平的竞争机会，实现机会均等，但群体之间如果差距过大，也会影响社会的发展和进步，需要政府通过税收政策、社会保障制度安排来进行调节，实现群体之间的均衡发展。

根据共同富裕内涵的要求，从共同富裕的外延看，平均主义不是共同富裕。有时人们往往把共同富裕理解为平均主义，中国文化里更有这方面的传统，孔子所说的"不患寡而患不均"就是这个道理。其实，这是对共同富裕的误解，平均主义不会实现共同富裕，只会导致共同贫穷，我国这方面的教训是深刻的。邓小平指出："搞平均主义，吃'大锅饭'，人民生活永远改善不了，积极性永远调动不起来。"① 平均主义的结果是"大锅饭"，以致于共同贫困、共同落后。实现共同富裕关键要把人的积极性调动起来，共同参与到共同富裕的实践中，才能实现共同富裕。

---

① 《邓小平文选（第三卷）》，人民出版社1993年版，第177页。

同样，仅靠政府的政策分配难以实现共同富裕。讲到共同富裕，人们自然想到国家的政策，通过政策调节来实现共同富裕。的确，政策调节是实现共同富裕的重要条件，但不是根本条件，光靠政策调节实现的共同富裕是不可持续的，实现共同富裕关键靠发展，把国民收入的"蛋糕"做大，才有分"蛋糕"的可能性。正如邓小平指出的："社会主义的本质，是解放生产力，发展生产力，消灭剥削，消除两极分化，最终达到共同富裕。"① 他指出："我们的政策是让一部分人、一部分地区先富起来，以带动和帮助落后的地区，先进地区帮助落后地区是一个义务。我们坚持走社会主义道路，根本目标是实现共同富裕。"② 习近平总书记十分重视共同富裕问题，他指出，"共同富裕是社会主义的本质要求，是人民群众的共同期盼。我们推动经济社会发展，归根结底是要实现全体人民共同富裕。"③ 经济发展才是共同富裕的前提，我们必须始终不放松发展，把发展放在尤为突出的重要位置。在此基础上，通过国家的政策，通过税收、社会保障、转移支付等的调节，使共同富裕更好更多惠及社会，让全体人民共享改革开放和经济社会发展的成果，这才是正确处理共同富裕、实现共同富裕的长久之计。

二、浙江高质量共同富裕建设取得的成效

《中华人民共和国国民经济和社会发展第十四个五年规划和2035年远景目标纲要》明确提出"全体人民共同富裕迈出坚实步伐"，并提出"浙江高质量发展建设共同富裕示范区"。2021年5月，中共中央、国务院出台了《关于支持浙江高质量发展建设共同富裕示范区的意见》，

---

① 《邓小平文选（第三卷）》，人民出版社1993年版，第373页。
② 《邓小平文选（第三卷）》，人民出版社1993年版，第175页。
③ 《中共中央关于制定国民经济和社会发展第十四个五年规划和二〇三五年远景目标的建议》，人民出版社2020年版，第60页。

7月,《浙江高质量发展建设共同富裕示范区实施方案（2021—2025年）》正式发布。8月,农业农村部、浙江省人民政府共同印发了《高质量创建乡村振兴示范省推进共同富裕示范区建设行动方案（2021—2025年）》。由此可见,共同富裕和乡村振兴已经不仅仅成为未来浙江省社会经济发展具有引导性的战略目标,而且还要求战术层面上的具体的行动方案来落实落地。浙江既不是全国经济总量最大的省份,也不是居民收入最高的省份,为何成为全国高质量发展建设共同富裕示范区,这既体现了党中央、国务院对浙江经济社会发展的肯定,也体现了浙江省经济社会发展的优势。

一是经济发展均衡。浙江位于东南沿海,是一个区域小省、资源小省,"七山一水两分田"是浙江自然条件的特点。由于受自然条件和地理环境的影响,在改革开放之前,无论是经济总量,还是人均主要经济指标,浙江都在全国平均水平之下,是经济比较落后的地区。经过改革开放40多年的发展,尤其是进入21世纪,在"八八战略"指导下,浙江省委坚持"一张蓝图绘到底",浙江人民发扬"千山万水、千言万语、千方百计、千锤百炼"的"四千精神",坚持创业创新,把一个区域小省、资源小省发展成为一个经济大省、经济强省。2014年浙江省地区生产总值（GDP）达到40154亿元,仅次于广东、江苏和山东,位于全国前列;人均GDP为72967元,折算成美元达到1.19万美元;到了2020年,GDP达到64613亿元,人均GDP为107624元,按年平均汇率折算为1.5601万美元。"十三五"期间经济总量跃上6万亿元台阶,年均增长6.5%。因此,无论经济总量,还是人均经济指标,浙江省在全国各省（区、市）中均位于前列,且经济发展稳定、均衡,实现高质量发展建设共同富裕有经济基础保障。

二是城乡发展均衡。新中国成立以来,我国走的是一条以农业扶持工业发展的工业化道路,国家通过农产品价格的"剪刀差"来支持工业和城市发展,一直存在城乡"二元"经济结构问题。改革开放以来,浙江省通过大力发展民营经济,鼓励"大众创业、万众创新",支持效益农业发展,浙江省的农村经济发展迅速,农村居民除了从事农业生产外,大量转移到非农业生产,农民除了传统的农业收入外,更有了工资收入,甚至有些地区工资收入成为农民收入的主体,薪金、租金、股金等各种收入不断出现,农民收入多元化,逐步缩小了城乡差距、城乡差别。2014年浙江省城市居民收入40393元,农村居民收入19373元,城乡居民收入比为2.09∶1,低于全国平均水平(2.75∶1)0.66个百分点。2020年浙江城镇和农村居民人均可支配收入分别达到62699元和31930元,城乡居民收入比为1.96∶1,1993年以来首次降至2以内,城乡居民收入水平已经分别连续20年和36年位列全国各省(区、市)首位。城乡居民收入水平高且增长快,居民的收入和经济发展保持同步,使共同富裕有了群众基础,尤其是城乡居民收入接近,更体现了共同富裕的本质要求。

三是区域发展均衡。推动地区的均衡发展既要发挥市场的决定性作用,又要发挥政府的重要作用。衡量地区发展均衡的重要指标是人均财力水平,这是区域基本公共服务实现的保障,也是确保区域均衡发展的重要支撑。由于各地的自然环境、资源禀赋、文化历史不同,区域发展不均衡客观存在,我国存在东西、南北之间的差距,浙江省也不例外。浙江省的区域面积不大,仅10万平方公里多一点,且自然条件也并不优越,"七山一水两分田",缺油少煤,是名副其实的区域小省、资源小省。浙江省也存在发展不平衡、不充分的问题,浙东北的杭嘉湖地区与宁绍地区发展相对较快,而浙西南的衢州、丽水等地发展相对落后,在"八七扶贫攻坚"任务完成之前还有文成、泰顺、景宁三个国家级贫困县,永嘉、云和、青田、武义、磐安五个省级贫困县。浙江省委、省政府一直以来重视区域的均衡发展,在财政体制上一直坚持省管县。而实行省管县财政体制,能够较好地增强省级财政的调控能力,从而可以在全省范围内进行转移支付的制度安排,确保分属不同地区的县(市)能享受到全省统一的、相对公平的转移支付补助,避免由于地区间财力状况的差异,造成好的地区更好、差的地区更差,对促进区域、城乡统筹协调发展、稳定财政状况起到重要作用。2010年,浙江省经济相对不发达县(市)人均地方财政收入与经济较发达县(市)的比率为1∶2.32,经济相对不发达县(市)人均财政支出与经济较发达县(市)的比率为1∶1.1。2005年浙江省经济相对不发达县(市)人均财政支出与经济较发达县(市)的比为1∶1.21,到2016年调整为1∶1.04。有了财政的支持,浙江省在20世纪90年代末消灭了贫困县,2015年又消灭了欠发达县,26个欠发达县全部进入加快发展县,政策支持始终保持不变。区域的均衡发展,使得加快发展地区的公共服务得到保障,确保了相对不发达县(市)按国家规定的机关事业单位工作人员工资发放,保障了基本养老、基本医疗、失业等社会保险费和最低生活保障费的支出,保障了新型农村合作医疗、城乡困难孤寡老人集中供养、贫困家庭子女就学等方面的财政开支,保障了农村税费改革后不增加农民负担所必需的财政投入,保障了公共卫生、义务教育、生态保护等建设资金,从而保障了区域之间共同富裕的实现。

四是群体之间发展的均衡。由于机会的不均等、能力的不均衡,以及因病因残等原因,社会总存在一些困难群体和弱势群体,关键是政府和社会对困难群体和弱势群体的态度和政策扶持,以缩小收入差距,实现共同富裕。浙江省一方面高度重视扶贫工作,在先后实施"八七扶贫攻坚""百乡扶贫攻坚""欠发达乡镇奔小康"工程,解决区域扶贫问题以后,从2008年开始了"低收入农户奔小康"工程,实施精准扶贫,把扶贫的重点从县乡转向到户、到人,真正体现以人为本和扶贫的精准化。2012年和2018年又分别实施了"低收入农户收入倍增计划"和"低收入农户高水平全面小康计划",以2010年家庭人均纯收入低于4600元(相当于 2012 年的 5500 元）的低收入农户（134 万户、318 万人）和低收入农户比重较高或数量较多的扶贫重点村为扶持对象。至 2020 年底，全省低收入农户降至 49.61 万户、75.90 万人，其中低保对象 38.04 万户、55.16 万人。全年人均可支配收入 14365 元，家庭人均收入低于 8000 元的农户全面清零。另一方面浙江省通过健全和完善社会保障制度，实现应保尽保，使困难家庭和低收入人口得到保障。浙江省农村社会保障的最大特点是城乡一体化，从最早的最低生活保障制度起步，先后建立了城乡一体化的城乡最低生活保障制度、城乡居民医疗保险制度、城乡居民养老保险制度等，不少改革走在了全国的前头，有浙江特色的社会保障的覆盖率居全国之首。2012 年，浙江省城镇、农村月人均低保标准分别提高到 477 元、350 元。2014 年杭州、宁波实现了低保标准一体化，2015 年湖州、嘉兴、舟山实现了一体化。到 2018 年底，浙江省 89 个县（市、区）全部实现了最低生活保障制度"城乡一体、标准一致"。城乡居民的基础养老保险从最初的每月 60 元，提高到 2014 年的 100 元，2015 年又提高到 120 元，2018 年达到 155 元。关心困难群体和弱势群体，从政策上、资金上、制度上给予必要的支持，使整个社会实现"老有所养、病有所医"，实现了社会的稳定。

三、浙江各地高质量共同富裕建设的实践经验

共同富裕的难点在农村，实现共同富裕关键是要解决农村问题，让农民富起来，参与改革开放的实践，享受改革开放的成果，这是高质量建设共同富裕的基础。浙江省在推进共同富裕的过程中，有许多创新性的做法，有许多实践经验，这些做法和经验的共同特点体现在发展上，通过发展实现共同富裕。而这些创新性的做法、实践性的经验是可复制、可推广的，对全国共同富裕的实践有借鉴和启示作用。本书对浙江省各

地农村经济发展、农民致富的案例进行了大量调研,梳理了其中的33个案例。对这些案例的剖析,形成了一些共识。

一是农业发展与共同富裕。在人们的心目中,农业一直是弱势产业,农业增产难、农民增收难是各地遇到的共同问题,但是,农业也有比较优势,农业发展好,做出特色,同样有发展前途,有利于农民的增收,实现共同富裕。在浙江省这样的案例有很多。如缙云县是浙西南的山区县,该县大力发展有代表性、有故乡情、有乡土味、有独特性、有价值链的"黄(烧饼、黄茶)、白(茭白、爽面)、红(杨梅)、黑(梅干菜)、灰(麻鸭)"的五彩乡愁富民产业,实现"生态美、百姓富",让更多农民走上了富裕的道路。据统计,2020年缙云县实现烧饼产值24亿元、黄茶产值0.945亿元、茭白产值4.5亿元、爽面产值2.2亿元、菜干产值0.6亿元、杨梅产值1.3亿元,缙云麻鸭通过与电商合作上市,产品溢价率增长30%以上。2020年缙云县实现农村常住居民人均可支配收入23466元,增长9.2%,增速居丽水市第一、浙江省第一。又如景宁县是浙江省唯一的民族县,山高路远发展难,少数民族村都位于海拔600米以上,受制于生产生活条件,农民的收入相对较低。景宁县针对区域发展现状,以600米这一亚热带地区冬季雪线地理分界线、畲乡特色人文地理分界线为界,探索打造"景宁600"区域公共品牌,为全县海拔600米以上的高山生态精品农产品搭建共建共享的品牌扶贫平台,全面推动"海拔经济"发展和小农户的增收步伐。全县累计建成"景宁600"生态基地11.7万亩,发展加盟企业60余家,累计实现销售额21.24亿元,平均溢价率超30%。2020年农村居民人均可支配收入增幅达8.2%,城乡居民收入比缩小至1.92:1。2020年"景宁600平台促农增收"入选浙江省精准扶贫十大案例。

二是产业融合发展与共同富裕。农产品的特点是产品的附加值低,从事农业生产的风险高,往往会出现"产量高,价格低;价格高,产量低"的现象,农民利益难以保障。破解农业发展的"瓶颈",必须延伸农业产业链,以农业为基础,大力发展以农产品为原料的加工业和市场的开发,打开农产品销路,实现一二三产业的融合发展,这才是农业发展的出路,农民增收的根本。如松阳县坚定不移走"绿水青山就是金山银山"的绿色生态发展之路,大力发展茶产业、努力培育茶经济,以夯实第一产业为基础,积极拓展第二产业、第三产业,通过强化制度建设、标准化建设、配套服务建设等,构建"茶+"多业态发展新模式,实现了茶产业转型升级。全县有近10万人从事茶产业,2020年全县茶园面积13.45万亩,茶叶产量1.65万吨,产值16.84亿元,茶叶全产业链产值127.02亿元,形成了全县40%人口从事茶产业、50%农民收入来自茶产业、60%农业产值来源于茶产业的发展格局。小茶叶成就了大产业,推动了大发展,实现了大民生,让老百姓走上共同富裕之路。又如仙居县是杨梅之乡,大力发展杨梅经济,全县杨梅种植面积14万亩,占浙江省的10%,是浙江省第一大杨梅产地。2021年杨梅产量10.7万吨,鲜果产值达到10.1亿元,全产业链产值达到26.9亿元,形成集集约化加工链条、网络化服务体系、品牌化营销渠道、杨梅休闲观光、杨梅文化生活于一体的发展格局。2021年,全县杨梅全产业直接促进梅农户均增收3.2万元,3.15万农户通过杨梅产业链实现了共同富裕,从业人员达10万余人。杨梅产业深度融合,杨梅加工、杨梅休闲、杨梅文化、杨梅消费等促进农民就业1.5万人,通过就业提高收入,农民年收入达5万元以上。

三是低收入农户增收与共同富裕。共同富裕的难点是低收入农户,对低收入农户完全靠政府的扶持不仅不可能,也不可持续,而是要给低收入农户创造发展的机会,培养他们的"造血"能力,让他们主动参与共同富裕的实践,以改变贫困的面貌,走向共同富裕的道路。如桐乡市多管齐下,扶持低收入农户发展,一方面依托农业龙头企业、农民专业合作社、家庭农场等新型农业经营主体在场地设备、资金技术、销售渠道等方面的优势,以农户众筹出资、主体全程代管的方式,组成"新型农业经营主体+低收入农户"长效帮扶共同体,鼓励农业生产经营主体帮扶低收入农户发展特色产业,带动低收入农户共享现代农业红利。另一方面由村股份经济合作社与低收入农户共同出资,将低收入农户的承包地以"互换并块"的方式实现集中连片,建设现代高效农业"奔富大棚"项目,并委托村股份经济合作社经营或出租给其他农业主体经营,同时优先吸纳低收入农户就近就业。低收入农户以此获得土地租金、入股股金和就业薪金等收入,实现"一地三金"的稳定增收。同时,创新用工新模式,积极鼓励相关单位提供公益岗位,直接吸纳低收入劳动力就业,保障低收入农户实现就业,提高收入。2020年桐乡市低收入农户人均可支配收入达20529元,较2017年增长达53.4%,绝对值列嘉兴市第一;低收入农户人数较2017年减少38.3%;农村相对贫困发生率降至0.9%,实现低收入农户高水平全面小康。确保了嘉兴市农村同步高水平全面小康,对浙江省高质量发展建设共同富裕示范区提供了有益的思路。

四是工业反哺农业与共同富裕。如果说新中国成立以来我国走的是一条农业支持工业、农村支持城市的工业化之路,那么经过改革开放40多年的发展,我国已经积累了坚实的经济基础,要积极引导和鼓励工业反哺农业、城市支持农村的发展模式。各地的许多成功人士、社会乡贤也愿意回馈农村、回馈家乡,这是推进共同富裕的有效方式。如乐清市大荆镇下山头村是三面环山的革命老区,全村人均耕地面积不足一亩,一直是产业空白村,无产业、无出路。村里青壮年都外出打工或创业,是一个名副其实的"留守村"。原村主任、杭州珀莱雅股份有限公司董事长方玉友回报家乡,以企带村,村企共建,成立浙江聚优品生物科技股份有限公司。积极探索村企共建模式,以打造石斛产业为特色的诗意山水旅游村为目标,发展绿色富民产业,以浙江聚优品生物科技股份有限公司为载体,通过以企带村、村企共建、项目推动、精准扶贫,全面推动铁皮石斛一二三产业的发展。建立"以村民土地入股的利益联结"机制，采取"薪金＋租金＋股金"的收入新模式，大力发展铁皮石斛产业、生态度假酒店、沿河商业街、农耕乐园、石斛文创园、"铁定溜溜"休闲旅游项目等，共同打造中国石斛产业田园综合体，实现生态效益、经济效益、社会效益的有机统一，将下山头村打造成一个集生态养生、旅游休闲和农家生活体验区、村落产业发展区于一体的村庄。为村民带来了更多的就业岗位，带动了农户增收。2019年实现产值2800多万元，接待游客量35万余人，旅游收入400多万元，吸收周边村民500多人就业。

五是集体经济发展与共同富裕。集体经济发展是共同富裕的基础，没有集体经济的支撑，共同富裕难以持续。近年来浙江省一直重视集体经济发展，把发展集体经济作为农村工作的重点。有了集体经济的支撑，村级组织就有能力组织和实施基础设施建设、公共服务改造提升，用于扶持困难家庭的发展，从而为共同富裕打下基础。如东阳市花园村大胆改革、主动作为，统筹各类资源要素，全村把所有土地收归集体，统一规划利用，以农房改造为出发点，打破并理顺原先散乱的村庄发展布局，把单打独斗的分散经营方式转变为连片开发、规模化运作，节约土地上千亩，也把农民从土地中解放出来，为"生活靠集体，致富靠自己"创造了条件。全村实行"村企分开，财政统一管理、干部统一使用、劳动力在同等条件下统一安排、福利统一政策发放、村庄建设统一规划实施"的"一分五统"管理模式，把所有资源统起来使用、经济社会发展统起来考虑、历史遗留问题统起来解决，全部村民"同村同待遇"，解决了各村土地好坏不一、经济贫富不均、发展规划打架等问题，实现了"先富带后富、强村帮弱村"的发展变化。现在的花园村下辖19个小区，户籍人口1.4万多人，外来人口5万多人，常住人口超6.5万人，村域面积12平方公里，2020年全村实现营业收入610亿元，村民人均年收入14.2万元。

从浙江各地的实践看，实现共同富裕关键靠发展，要调动农民的积极性，主动参与到共同富裕的实践中来，实现共同富裕才有保障。

这是这些案例带给我们的启示，是对建设高质量共同富裕的理解，也是本书的写作宗旨所在。

第一篇
产业发展与共同富裕

横店镇："共创、共有、共富、共享"的富民强镇之路

改革开放前，横店只是一个交通不便、区位不彰，人均年收入不足百元的贫穷乡村。改革开放40多年来，横店镇在各级党委、政府的正确领导下，政企合力共建、产城融合发展，坚持"共创、共有、共富、共享"的理念，走出了一条高质量发展之路。2020年，全镇实现规模以上工业产值211亿元，影视文化产业年营业收入157亿元，旅游收入超200亿元，税收收入41亿元，接待游客近2000万人次。镇域综合实力位列浙江省第3位、全国第22位。2011年小城市培育试点开展以来，全镇常住人口从10.8万人增长到21万人；镇域内人均年收入从1.6万元增长到6.5万元，增长了3倍多，走出了一条富民强镇的高质量发展之路。

一、富民强镇，高质量发展的实践

被称为"中国好莱坞"的横店位于浙江中部的东阳，曾经是一个"出门望见八面山，薄粥三餐度饥寒"的小乡镇。在改革开放政策的作用下，凭借创业创新的精神，从"针织一条街"、磁性材料产业基地，到全球规模最大的影视实景拍摄基地，走出了一条富民强镇的发展之路，成为共同富裕的典范。

1. 坚持产业带动，大力发展现代工业，为横店人民提供更多就业机会

横店最强的是工业，坚持把工业化作为致富的突破口，坚持非高科技产业不上的原则，不断发展磁性电子、高科医药、新材料等主导产业，旗下涌现了一批具有国际竞争力的现代化企业。同时，积极推动智能制造，实现产业迭代升级。例如，浙江省首批"未来工厂"——横店东磁单晶电池片厂，通过5G工业互联网赋能，30亩土地年产值20亿元，人均产值高达600万元，下一步将达到1000万元。横店共有经济户口2.04万家，其中，企业3600余家，主板上市企业8家，新三板上市企业11家，是全国"千强镇"中上市企业最多的乡镇。目前，全镇工业企业职工5.8万人，职工人均年收入达8万元。

2. 坚持文化赋能，深度推进文旅融合，为横店人民提供更多创业机会

横店最出名的是影视，被浙江省委、省政府推介为浙江文化软实力金名片案例之一。从1996年起，横店集团陆续投资100多亿元，建成了上至春秋、下至民国的全球规模最大的全年代影视拍摄基地和国内产业链最完整的影视文化产业集聚区，累计接待3200多个剧组、近2亿人次游客，全国1/4的影视剧、2/3的古装剧在横店拍摄，全面带动了横店镇乡村旅游、餐饮住宿、商贸服务等第三产业的繁荣发展。

一方面，影视文化产业的繁荣，带动了旅游业的蓬勃发展，为新老横店人提供了大量的创业机会，拓宽了居民的增收渠道。横店共有各类宾馆民宿500余家，床位近3万张，餐饮饭店1300余家，农户出租收入达4.38亿元。横店居民常规有五个方面的收入：一是正常就业薪酬；二是居民自有房屋办民宿或出租收入；三是村小区集体每年福利分红收入；

四是年满 60 周岁的被征地农民社会养老保险金；五是每年社团经济联合会发放的土地口粮款。目前，横店从事第三产业的劳动力约 7.5 万人，占劳动力就业总数的 56%，城乡居民收入倍差降至 1.34。例如，雅堂小区是横店首个"横漂小区"，本地人口只有 600 多人，却容纳了 3000 多名"横漂"。2012 年以前，单身公寓年租金 5000 元一间的房间无人问津，现在，一间单身公寓年租金 1.5 万元仍供不应求，租房经济已达 700 多万元。

另一方面，通过分区域布局影视基地植入产业、支持村集体建设多处物业、边远村在中心区联建物业、政府补助美丽乡村建设等多种形式，实现了不同村庄、不同地域的高水平均衡发展。2019 年以来，横店村集体经济年收入均在 4 亿元以上，村均集体年收入超 350 万元。例如，金良小区依托毗邻春秋唐园拍摄基地的区位优势，将租办在村集体公房内的低小散作坊关停，建成占地 2800 平方米的标准摄影棚，冯小刚监制的《剑王朝》等剧组先后进驻拍摄，每年为村集体增加收入 40 多万元。还有七一、后二、杨公里等多个同类型村庄。

同时，影视文化产业的发展不断溢出横店，辐射带动了周边乡镇乃至磐安、永康等邻近县市，为当地群众实现就地创业创新带来了更多机遇。截至 2020 年底，金华地区已建成 112 个外景拍摄基地，带动了近亿元的拍摄收入。横店集团还积极履行社会责任，帮助中西部贫困地区创造了数万个就业岗位，被党中央、国务院授予"全国脱贫攻坚先进集体"。

3. 坚持改革牵引，全面提升服务供给，为横店人民创造更加美好的生活

政企联动、合力共建是横店的特色。一是以"智慧横店"数字化建设为抓手，倒逼"县乡一体、条抓块统"集成改革，以 3018 个"党建+"网格为基础，构建多维网格体系，实现基层治理网格智能化跨界互联。二是未来五年，政村企将共同投资 19.5 亿元，开展第二轮风貌提升，实

现"镇区景区化、景区全域化"。三是全面加强政府公共服务优质均等供给,政务服务实现"最多跑一次","网上办""掌上办"的实现率达到95.95%,同时政府在托幼、教育、养老、文体等方面全力补齐民生短板。以教育为例,仅2020年,横店开工建设1所高中,建成托儿所、小学、初中各1所,公办幼儿园3所,新增学位4176个。如条件成熟,2021年底横店集团将开工建设横店电影学院。2019年,中央党校课题组从收入状况、公共服务、人居环境等15个指标对横店进行幸福感调查,横店居民的幸福满意度高达93%,且新老横店人满意度基本一致。现在横店注册登记的"横漂"达到10万人,每天有2万余名"横漂"在横店共享美好生活,网络直播、微电影拍摄催生了数以百计的直播牛人、粉丝数近百万的"大V"。"横漂"参与剧组拍摄录制43.5万人次,抖音话题"横店"视频达2.7万个,总计播放次数达47.8亿次,网红"横漂"的月收入达10万元以上。

二、推进高水平共同富裕的思考

共同富裕是全方位、多视角的,不仅体现在物质层面上,更体现在精神层面上。按照"浙江高质量发展建设共同富裕示范区"的要求,横店将先行先试,扬长补短,努力实现更高水平共同富裕。总的目标是,到2030年比全省提前5年率先基本实现共同富裕,建成高质量发展共同富裕先行示范区。

通过与浙江省32项共同富裕指标的对比,目前,横店镇人均生产总值、R&D经费支出与GDP之比、城乡居民收入倍差、儿童平均预期受教育年限、高等教育毛入学率、人均预期寿命、地表水达到或好于Ⅲ类水体比例、万人成讼率等15项指标已提前达到或接近浙江省2025年目标,具备打造共同富裕先行示范区的优势和基础。

1. 大力推进经济高质量发展

经济高质量发展是共同富裕的前提。在坚持磁性材料、医药化工、机械电子、红木家具等传统产业发展的基础上，积极引导和支持企业加大研发投入，优化和改善产业结构，提升产业智能制造水平。同时，支持以横店集团为龙头的企业布局工业互联网、物联网、全生命健康周期等新领域，积极发展新能源、新材料、新装备等战略性新兴产业，打造完整的产品生态链和产业价值链。加快影视和旅游融合发展，推动影视文化与多种娱乐休闲业态深度融合，构建文旅大消费体系，打造世界级影视文化旅游目的地。预计2025年，人均生产总值达到15万元，数字经济增加值占GDP比重达到60%，地区规模以上工业产值超300亿元，税收收入超65亿元，全国综合实力千强镇排名进入前15位。

2. 促进区域之间均衡发展和不同群体共同富裕

物质富裕、精神富有是共同富裕的基础。积极承接横店影视文化产业溢出效应，促进不同村庄、不同群体均衡发展和持续增收。一方面，通过分区域布局影视基地植入产业、支持村集体建设多处物业、边远村在中心区联建物业等多种形式，不断发展壮大村集体经济。另一方面，依托横店影视旅游优势，制定出台扶持政策，大力开展美丽乡村建设，推动乡村旅游、文创购物、特色民宿、农家乐等第三产业发展，让"好风景"转化为"好钱景"，为横店群众创造更多增收渠道。预计2025年，横店常住人口城镇化率达到80%，人均可支配收入达到10万元，城乡居民收入差低于1.3，家庭年可支配收入10万~50万元的群体比例占90%，家庭年可支配收入20万~60万元的群体比例力争达到55%。

3. 以数字化改革提升治理效能

社会和谐和睦是实现共同富裕的必要条件，只有和谐和睦的社会才能保障顺利实现共同富裕。围绕浙江省数字化改革"1+5+2"工作体系，持续推进"智慧横店"建设，倒逼"县乡一体、条抓块统"集成改革，推进流程再造、制度重塑和架构重组。以3018个"党建+"网格为基础，构建"多维地图+多维网格"体系，实现基层治理网格智能化跨界互联，开发"智慧乡镇"服务管理指挥通用模板。以市行政服务中心横店分中心为阵地，推进"互联网+放管服"，全面推行"掌上办""网上办"，实现政务服务事项"最多跑一次"。整合吸纳社会治理各方力量，健全矛盾收集、按需调处、诉讼服务全链条机制，完善"四治融合"模式，探索创新"党建+网格+智能+服务+治理"新模式，全面建设社会治理共同体，实现矛盾纠纷调处化解"最多访一地"。

4. 致力于公共服务优质均等供给

公共服务优质均等供给是实现"以人为本"共同富裕的有效途径。着力补齐民生短板，全面实施公办幼儿园补短提升工程，加快推进义务教育段学校和横店高中建设，推动基础教育均衡优质发展。加大高等教育建设力度，推进横店电影学院筹建，支持横店影视职业学院"中高职一体化"教育品牌发展。健全完善公共卫生服务体系，支持横店医院和文荣医院专业化发展，加快社区卫生服务中心全覆盖，为群众提供全周期健康管理服务。分区域布局建设不同层次、医养结合的现代康养中心，满足多元化养老需求。到2025年实现普惠性幼儿园占比95%，每千人拥有执业（助理）医师数5人，每万名老年人口拥有持证养老护理员30人，建成能满足不同层次需求的民生服务保障体系。

缙云县：把"小烧饼"做成富民"大产业"

从"路边摊"走向"品牌店"，从"小县城"迈进"大都市"，从"谋生技"转为"致富经"，缙云烧饼几年来持续走红，成为缙云县乃至浙江省的特色餐饮龙头产业和助农增收典范，帮助越来越多的人脱贫致富。2014~2020年，以缙云烧饼为龙头的缙云小吃产业营业收入从4亿元攀升至24亿元，带动相关产业近4万人增收致富。全年烧饼桶销售量达2000多个，菜干产量350万斤，馅料菜干产量从2020年的120万斤增长至2021年的130万斤。缙云致力探索实施"政府主导＋自主创业"的烧饼发展模式，走出了一条可推广、可复制的品牌发展之路，为农民增收提供了新渠道。

一、主要做法

烧饼是缙云县的传统小吃，历史悠久，流传广泛，发展的群众基础好。为了把小烧饼培养成大产业，缙云县专门成立了烧饼协会服务行业发展，地方财政给予相应的政策扶持，走出了一条特色富民之路。

1. 突出精准扶持，实现政策惠民

（1）扶持开设缙云烧饼示范店。2014年10月成立缙云县缙云烧饼协会，制定实施《关于缙云烧饼品牌建设的实施意见》《缙云县"草根创业"专项行动方案（2016—2020年）》等专项政策，每年安排500万元专项资金支持缙云烧饼品牌建设。为鼓励创业，县财政对开设示范店给予1万~3万元补助，以及50%贷款贴息。截至2020年底，缙云县464家示范店共获得756.5万元补助，48家示范店业主获得12.85万元贴息。2020年，缙云烧饼产业扶贫入选浙江省精准扶贫十大案例。

（2）扶持打造"908小麦"基地。为推动缙云烧饼全产业链发展，保障本地小麦的生产供应，2016年以来，缙云县实施《关于切实抓好粮食产销工作的意见》，鼓励开展连片小麦种植。2020年，全县"908小麦"种植面积达到1784亩，市场价格达到6元/千克。

（3）扶持发展缙云菜干产业。为确保缙云菜干品质，缙云县制定实施《关于促进缙云菜干产业发展实施意见》，每年安排200万元专项资金扶持发展。投入120万元补贴农户购买设备，指导推动相关企业、合作社规范提升，目前，已有2家企业通过SC认证。缙云县东方镇是菜干大镇，2015~2020年缙云菜干半成品收购价从8元/千克提高到15元/千克。2020年，缙云县芥菜种植面积超1万亩，产值达6000万元，菜干专业户亩产值可达1.5万元，成为农民增收致富的主导产业。

（4）扶持打造工具基地。为推进产业链建设，加强对缙云烧饼桶、炉芯等产业的扶持，经认定后将相关合作社加入缙云烧饼协会，列为定点供货单位，帮助农民持续稳定增收。2014~2020年，缙云县累计卖出木制烧饼桶3万余只，实现产值约3100万元；民间工匠张云翔成功研发电热烧饼桶和无油烟烧饼桶，获得3项国家专利。

2. 突出素质提升，打造人才梯队

（1）建设基地化培训机构。坚持以人民为中心的发展思想，建立浙江广播电视大学缙云分校和缙云县职业中专壶镇分校两个免费培训基地，以就业指导中心为依托，帮助学员得到全方位的技能培训和训后服务。建立创业就业指导中心和工作交流群，帮助学员得到全方位的技能培训和训后服务。2018年，缙云烧饼品牌建设项目获评"浙江省民生获得感示范工程"。2019年，在第二届全国创业就业服务展示交流活动中，"丽水—缙云烧饼师傅创业培训"项目获得"优秀项目奖"。

（2）实施系统化技能培训。坚持以提高群众"造血"能力为目标，聘名师、编教材，开展缙云烧饼相关理论、实操、策划、营销等系统化培训，让学员既能做"师傅"又能当"老板"。2020年，缙云县举办缙云烧饼及缙云农家特色小吃创业能力提升研修培训班，在疫情常态化情况下，进一步提升了缙云烧饼及农家特色小吃经营业主的创业能力和经营水平。2021年，缙云烧饼在浙江省首届乡村美食大会技艺比赛上获得"农家特色小吃金奖"。截至2020年底，缙云县累计培训烧饼师傅10757人，在全国开设示范店581家，草根摊点7000余家，并走出国门，在美国、意大利、西班牙等16个国家开设示范店。

（3）打造专业化人才队伍。坚持"人才第一资源"理念，在缙云县职业中专开设3年制高级烧饼师傅、高级店长专业班，专门培养高级人才。每年开展竞赛晋升活动，颁发中、高级中式面点师职业资格证书，成为烧饼师傅就业创业的"通行证"。截至2020年底，成功培育中级缙云烧饼师傅254人、高级缙云烧饼师傅201人、缙云烧饼大师10人。2020年在"非遗薪传"浙江传统美食展评活动中缙云烧饼制作技艺荣获"薪传奖"。

3. 突出谋划布局，推进科学发展

（1）以规划强引领。树牢规划意识，2014年建立了包括2300名缙云烧饼师傅的数据库，制定《缙云烧饼产业发展初步规划》，以及丽水市首个特色小吃类市级地方标准《缙云烧饼制作规程》，实现注册商标、门店标准、制作工艺、原料标准、经营标准、培训内容"六统一"，真正以规范管理实现品牌形象的跨越式提升。2016年，高站位制定实施《"缙云烧饼"品牌战略和产业发展规划（2016—2030）》，全方位规划设计，确保产业可

持续发展。2018年品牌建设项目被评为"浙江省民生获得感示范工程"。

（2）以文化作依托。深入挖掘整理缙云烧饼的黄帝文化、饮食文化、商贸文化，讲好"文化饼""养生饼""致富饼"等故事，形成《缙云烧饼与黄帝文化的渊源》《缙云烧饼源流考》《漫谈缙云烧饼的来源》等研究成果。2016年，缙云烧饼制作技艺被列入浙江省第五批非物质文化遗产名录；2018年，缙云县被授予全省首批"浙江小吃之乡"称号，缙云烧饼获注国家地理标志证明商标和欧盟商标。2019年10月，缙云县被中国烹饪协会收入"小吃文化地标城市"名录。成功入选2020年全国乡村特色产品名单和浙江省首批文化和旅游IP库，被省文化和旅游厅评为"优秀非遗旅游商品"。

4. 突出宣传推广，塑造品牌形象

（1）聚焦烧饼节，打响品牌。配合公祭轩辕黄帝大典，连续六年举办缙云烧饼节，同步举办浙江名小吃全省选拔赛、缙云烧饼大师赛、乡村旅游季等活动。邀请浙江十大特色农家小吃、台湾特色美食等入驻，每年有省内外200多种特色小吃争相入驻，各地美食爱好者闻香而动，被浙江省金秋购物节组委会评为"最受欢迎的特色活动""精品展会"。缙云烧饼节产生了"节庆效应"，壶镇镇北山村、东方镇岱石村等"烧饼特色村"亦连续举办三届烧饼节，提升了师傅"技艺"、满足了食客"胃口"、鼓起了农民"腰包"。

（2）聚焦文艺活动，丰富内涵。缙云县烧饼办与县工艺美校合作出版《缙云烧饼——追的是绿富美》，图文并茂地介绍了缙云烧饼。缙云烧饼品牌建设办公室与浙江广播电视大学缙云分校联合出版了《乡愁记忆——缙云烧饼》等书籍，与文化馆合作编成婺剧《烧饼缘》在全市品牌故事演绎中获得第一名，与教育戏剧协会合作戏剧《缙云烧饼》进行巡演，缙云籍歌手基地小虎的《缙云烧饼》唱响大江南北，均收到了很好的效果。

（3）聚焦知名展会，扩大影响。参加各种展会是推广缙云烧饼最直接的办法，几年来缙云烧饼参加了意大利—中国文化艺术节，每年参加浙江农业博览会、上海农业博览会等知名展会，连续多年获得浙江厨师节金奖、浙江农业博览会金奖、金牌旅游小吃的荣誉，并参加2018年、2019年香港国际美食节，缙云烧饼品牌知名度得到极大提升。2020年由于新冠肺炎疫情影响，缙云县调整了烧饼节办节模式，结合扶贫日开展活动，发放扶贫消费券十多万元，给低收入农户带来实实在在的帮扶。

二、实践思考

产业振兴是乡村振兴的基础和关键，产业振兴了，农民有了就业渠道，才能实现发展致富。缙云县从县域实际出发，把农民的需求和农村的发展结合起来，以烧饼为纽带，找到了一条适应乡村振兴的发展致富之路，这种可复制、可推广的实践对更好推动乡村振兴，实现共同富裕有很好的借鉴作用。

1. 找准关键，精准发力

缙云烧饼产业基础好、风险低，是适合农民创业就业、增收致富的产业。缙云县以此为发力点，创新实施"农户+合作社（基地）+协会"模式，同时聚焦"烧饼师傅"这个关键点，通过开展针对性、实用性的技能培训，成功打造一批制作技能过硬、带动力强、影响面广的"缙云烧饼师傅"队伍，实现富民增收。

2. 持续打造，一抓到底

一个产业的培育、一个产业的发展，往往需要时间，一旦选择正确必须持之以恒加以打造，实现发展的飞跃。找准农村产业发展方向，缙云县上下全力以赴，齐抓共管，2015年以来，通过七年多的努力，实现了缙云烧饼质的转变。缙云烧饼的知名度和美誉度得到极大提升，在全县上下形成了一股创业创新热潮，激活了整个烧饼产业，打造了一张缙云的"金名片"，并在全社会形成了独特的"缙云烧饼现象"。

3. 品牌引领，整合联动

缙云在内的丽水9个县（市、区），都是浙江省的加快发展县，各地产业小而散、知名度不高，传统运营、各自发展难以成功。为有效推动"缙云烧饼"产业品牌化建设，缙云县运用现代产业经营模式来培育缙云烧饼品牌，并依托"丽水山耕"品牌共建，对缙云菜干、土麦等相关产业进行整合联动，树立缙云的整体区域品牌形象。

4. 精心谋划，创新发展

品牌建设之初，缙云县就树立了既要打造"顶天立地"的骨干企业，也要培育发展"铺天盖地"的草根的发展目标，并为此进行了诸多创新和努力。如创新实施"六统一""两集中"模式，成立烧饼品牌建设办公室、组建烧饼协会、开设烧饼班、举办烧饼节，制定出台《关于推进缙云烧饼品牌建设的若干意见》等系列办法，推动品牌化、产业化运作发展。

5. 三产融合，增收致富

农业是大舞台，农产品的生产属于第一产业，如果农业仅仅止步于第一产业，往往难以实现"农业增产、农民增收"的目标。如果把产业链延伸，向第二、第三产业发展，实现一二三产业的融合，农业就能够做出大文章，实现大发展。缙云烧饼产业发展壮大，激活了烧饼炉芯、烧饼桶、缙云菜干、烧饼包装、烧饼文化等相关行业，呈现出"一业兴百业"的良好态势，帮助越来越多的人脱贫致富。

嵊州市：以小吃产业助推共同富裕示范区建设

嵊州历史悠久，有"万年文化小黄山、千年剡溪唐诗路、百年越剧诞生地"之称。嵊州小吃承载了几千年的传统文化，历代嵊州人民在长期的生产生活实践中，创制形成了当前以"小笼包、炒年糕、榨面"为代表的百余种小吃。近年来，经过政府有组织的引导和市场的发展，嵊州小吃产业发展的基础进一步夯实，提升了"嵊州小吃"的知名度和影响力，提振了从业者的信心，丰富了嵊州小吃产业业态，吸引了更多市场主体参与"嵊州小吃"产业的发展，促进了文旅融合，推进了各项资源的整合发展，初步形成"可看、可吃、可玩、可享"的小吃业态，发挥小吃名城效应。据不完全统计，嵊州小吃的从业者已经超过了8万人，3万余家门店遍布全国各地，年产值达到110亿元左右。先后创建"浙江小吃文化之乡"和"中国小吃文化名城"，被授予浙江省唯一的"中国小吃文化名城"以及"浙江省小吃文化之乡"称号。

一、发展小吃产业的主要做法

2017年底市委、市政府启动"大嵊归来"全国统标工程，出台了推进小吃产业发展的实施意见和统标工程实施方案，成立了办公室专项负责嵊州小吃发展工作；注册小吃行业协会，为8万余名小吃从业者提供服务与指导，协会成立以来，已建成 30 余个联络站，覆盖全国所有省（自治区、直辖市）；每年安排专项扶持资金，用于小吃产业发展。嵊州小吃产业发展自此进入有组织机构、有扶持资金、有工作规划的快速发展阶段，有力推动了乡村经济振兴，成为百姓致富的一个重要途径。

1. 强化组织领导，打开工作格局

市委、市政府高度重视小吃产业发展，构建"政府＋协会＋企业"的推进机制，初步形成"有场议事、有人管事、有钱办事"的工作格局。成立由市政府主要领导担任组长的嵊州小吃发展领导小组，并在商务局设立办公室，负责全市小吃产业政策、标准制定等工作。组建嵊州小吃行业协会，并落实办公培训等场所，招聘 2 名专职驻会人员，推进协会实体化办公。同时加快协会联络站建设，已在广东东莞、云南丽江等地建立 30 个联络站，负责行业的自我服务管理。组建由国资控股的嵊州益嘉网络公司，打造全国首个服务地方小吃的互联网智慧餐饮系统。实施"大嵊归来"嵊州小吃全国统标工程，在实施"店招、制作、服装、器具、设计"五统一基础上，推广使用嵊州小吃标准语系、优化线上线下宣传场景等加强统标管理，实现嵊州小吃技术标准化、经营现代化、品牌时尚化。截至 2020 年底，已完成统标 2459 家，统标后门店营业额同比增长 20% 以上。

2. 抓好品牌营销，打开发展格局

嵊州市把创建区域性集体品牌，加快赶超作为一项重点工作来抓，先后创建成为"浙江小吃文化之乡""中国小吃文化名城"，在一年内完成国家、省级创建至少需要两年的创建周期，在较短的时间内提升嵊州小吃知名度。把培育名品、名师、名店作为推进产业发展的基础性工作来抓，支持小吃从业者通过参加各级各类赛事，选拔发现一批名牌。截

至 2020 年底，全市已有省级名点 21 种、省级名师 17 位、名店 11 家。嫁接重大节庆、重大活动、重大赛事进行品牌营销，打响嵊州小吃品牌知名度。嵊州小吃进驻"云栖大会"，服务全国"枫桥经验大会"、绍兴国际马拉松赛等重要活动，先后进驻省政府、省委党校、省广电食堂，绍兴市政府机关食堂及北京大学等。同时，加强媒体宣传，与央视、浙江卫视等主流媒体合作，多渠道宣传推广，提高品牌美誉度，已完成央视专题片 5 部。

3. 着眼富民经济，打开产业格局

大力推进小吃产业化发展，逐步实现由路边小店向现代企业管理升级，实现由富民经济向富民强市经济转变。截至 2020 年底，嵊州市已注册成立益嘉、越巷里等以嵊州小吃产业为主营的餐饮管理公司，加盟形式的连锁店 47 家；全市现有 22 家嵊州小吃速冻生产企业，其中两年多内就新增 20 家企业，"笼门小将""钱馀昌"等品牌已进入上海盒马、浙江华联等大型商超。同时，加快产业平台建设，在黄泽镇丰泽广场谋划"中国嵊州小吃城"建设，布局集小吃品尝、速冻生产、产业电商为一体的小吃综合体；在崇仁镇谋划农产品原材料产业园，布局小吃原材料加工区；在越剧小镇、华堂古村等地，推进美食小镇建设，在吾悦广场、三江街道筹建美食一条街，促进小吃与文旅融合发展。初步形成以"企业带动、平台支撑"的嵊州小吃产业格局。

3. 培训传承技能，夯实产业发展基础

借助农民培训学校开设嵊州小吃培训班，"政府买单、免费培训"，设置小笼包制作、面点制作等培训课程，通过视听、实操等方式开展培训。截至 2020 年底已举办培训 189 期，培养小吃中、高级技工和专门人才 8900 余人，推荐就业 7500 余人。同时，通过政府提供保证金、协会认

定、银行做大资金池、保险公司承接贷款保险方式实施小吃行业普惠金融服务,化解从业者融资难题,已为1926户小吃经营者提供贷款2.28亿元。

二、促进小吃产业高质量发展的思考与建议

促进嵊州小吃产业高质量发展,从根本上就是要按照供给侧结构性改革的要求,从生产、供给端入手,调整供给结构,提高供给体系质量,为真正适应新消费、新场景、新需求,打造小吃产业发展新动力寻求路径。

1. 提升品牌企业竞争力

提升品牌企业竞争力,要从内外两方面着手。

外部层面,全面推进门店统标。尽快完成嵊州小吃集体商标注册,通过对店面形象、招牌等标志标识的规范和统一,打造"嵊州小吃"统一形象,提高嵊州小吃的辨识度。进一步加强宣传推广,完善"嵊州小吃"标准语系,使用统一的广告宣传,共同喊响"舌尖度量的幸福"主题广告语。

内部层面,通过打造"名店、名品、名师、名企",提高"嵊州小吃"品牌竞争力。尤其是要选树一批产品质量高、服务品质优、顾客认可度高、经营效益好的门店,打造成为示范店、旗舰店。重点支持培育拥有自主品牌的餐饮服务和生产加工企业做大做强,形成行业龙头。

2. 塑造品质形象

强化标准引领、标杆引领,开展标准化建设,逐步完善餐饮门店的制作、服务和管理标准,制定生产企业的工艺、包装、质量标准等,以标准化促进生产规范化;引导小吃门店转型升级,主动顺应城市环境提

升、食品安全管理新要求，通过美化就餐环境、提高餐食质量、改造设施设备等，适应高端、城市、健康的新消费、新场景、新需求；加强创业指导，推进集开店指导、就业服务、技能培训、风险评估、金融扶持为一体的嵊州小吃"一站式"创业创新平台建设，尤其强化培训，培养一批具有现代经营理念，适应新发展需求的中高层次嵊州小吃经营管理人才。

3. 完善产业链供配体系

加快形成集展示、生产、销售为一体的嵊州小吃产业化园区，推进原辅料专业市场建设，打造规模化、标准化、专用化和集约化的绿色食材供应基地；支持连锁经营企业发展中央厨房、集中采购中心和第三方物流配送等现代化生产经营方式；结合全市制冷设备产业基础，谋划冷链供应链体系建设；推进加快"互联网＋餐饮"发展，引导小吃企业加强网上营销、在线订餐、电子支付、美食鉴赏等电子商务应用，推动餐饮服务线上线下融合。

4. 推动产业融合发展

推进小吃与文旅融合发展，小吃搭台文旅唱戏，加快形成"品味嵊州、唱游越乡"的文旅品牌，促进"小吃＋"古镇游、乡村游、越剧游、唐诗之路游；推进与工业产业联动，加强小吃产业与厨具产业、竹编产业、仿古家具产业协同，大力发展嵊州小吃专用厨具、餐具（蒸笼等）、家具等定制生产，同时借助全国门店加强集成灶、领带服饰等宣传推介；加强小吃与特色农产品融合发展，通过创新制作、搭配销售等方式实现小吃与茶叶、香榧、黄酒等特色农产品的协同发展。

5. 鼓励创新赢得发展

推动理念、内涵创新，实现"嵊州小吃"向"嵊州早餐"提升，引领健康时尚生活；鼓励企业在保持嵊州小吃口味不变的基础上实现规模化生产，大力开发嵊州小吃的方便食品、冷冻食品；通过直接奖补、定期开展最优新品评选等多种方式，鼓励经营户开展新产品开发；鼓励餐饮企业创新餐饮服务理念，构建多层次、多元化产品和服务体系，全面适应从吃饱到吃好、吃健康的多元化消费需求；鼓励"嵊州小吃"特色文创产品开发。

磐安县：做强中医药产业 带动共同致富

磐安县是"中国药材之乡"，拥有1200多种药用植物，被誉为"天然的中药材资源宝库"。从唐朝天祐年间开始种植元胡，迄今已有1100年的历史，是浙江省最大的中药材主产区和最主要的中药材集散地。磐安县中药材种植面积稳定在8万亩以上，"磐五味"主导产品贝母、元胡的产量分别占全国的60%和20%。截至2020年底，磐安县拥有中医药规模以上企业3家，高新技术企业5家，通过药品GMP（Good Manufacturing Practice）认证饮片企业7家，中药企业GMP认证全省最多。中药材种植户4.8万户，从业人员6.1万人，占全县总人口的1/3，新渥、冷水、仁川等重点乡镇（街道），中药材收入占农民收入的比重达70%以上，药农人均收入达3.5万元。有注册中药材个体户和经营企业4533家，临时购销户3000多户，省外购销商200余家。90%以上的浙产道地药材通过磐安市场走向全国和世界，"浙八味"市场2020年交易额达41亿元。"磐五味"被国家市场监督管理总局认定为驰名商标和浙江省知名农产品区域公用品牌，生产加工技艺列入省级非遗保护名录。磐安县中药材产业被评为浙江省示范性农业全产业链。2020年中医药健康产业总产值达68亿元，是共同富裕的大产业，也是名副其实的中药材产业大县。

一、发展中医药产业的主要做法

1. "三元"驱动强劲产业动力

人才、资金、技术是产业振兴发展的源动力,磐安县中药产业发展促进中心以"咬定青山不放松"的韧劲,想方设法开展人才招引、向上资金争取和技术创新等工作。

(1)规划引领,关键要素全力保障。出台《磐安县中药产业振兴发展规划》,明确2018~2025年中药产业发展总体思路、目标任务、方法步骤及保障措施,力争到2025年中医药健康产业全产业链总产值达到200亿元。制定全省首个中药产业发展扶持政策——《磐安县关于加快扶持中药产业振兴发展的意见》,划出专项资金扶持种质资源保护、品质管理提升、科技创新引领等五个方面27项内容。向上争取资金9.5亿元,实施省级中药产业创新服务综合体、省级乡村振兴产业发展示范县、省级特色科技园等中医药类建设项目60个。

(2)筑巢引凤,前沿技术及时落地。先后成立磐安大健康产业研究院、浙江省中医药研究院磐安分院、浙江省中药材研究所磐安分所等科研院所,建立中药研发平台10个、科普科研基地6个、产业发展平台2个,引进技术合作的高校、院所20家及"国千"等专家71人。2010年以来,共承担玄参新品种选育等省级以上中药材科研项目23个,浙贝母绿色生产关键技术等市级科研项目9个,成功申报中医药各类专利204项,通过GMP认证企业7家。

(3)"揭榜挂帅",核心技术携手攻坚。针对当前中药产业发展存在的"面积下降、标准缺失、高值产品少"等"卡脖子"难题,举办"揭榜挂帅"全球引才活动,发榜"十亿级黄精产业化关键技术""磐五味道地药材标准研究制定""浙白术、浙贝母等中药材连作机制障碍"等6个技术需求项目，招揽人才研发一批高附加值的自主创新产品。目前，6个榜单已被浙江农林大学斯金平教授团队等6个团队揭榜，并完成全部签约、正式启动实施。

2. "三化"并行夯实一产基础

多年来，磐安始终坚持推动中药材基地规模化、规范化、标准化建设，不断夯实产业基础。

（1）技术示范，标准基地引领规范种植。建立种子种苗繁育基地2258亩，珍稀濒危药用植物繁育驯化基地30亩，以及浙江省唯一的中药材种质资源圃120亩，为种植基地、大户、散户提供基原纯正、遗传性状优良、数量充足的道地种苗，目前已收集保存"浙八味""新浙八味"等浙产道地药材种质资源118种312份。在新渥祠下、冷水白岩、仁川方山等浙贝母种植核心区，建成浙贝母标准化种植示范基地8000亩。在大盘镇下寮村建立农业农村部的玄参行业标准制定基地50亩。

（2）监管示范，质量追溯体系追本溯源。按照"去中心化"思路和利用"区块链"技术建立浙江省首个中药产业全过程质量追溯系统，全国首创将整个县域药材产区纳入该系统，通过射频识别、二维码及物联网等技术手段，记录上传中药材种植、采收、加工、仓储、运输等各环节信息，并通过二维码、条形码等载体供监管部门及消费者查询，实现药材"来源可知、动向可追、质量可查、责任可究"。截至2021年8月底，全县已有54个药材基地和15个共享加工点的信息采集设备接入该系统。

（3）标准示范，规范种植提升中药品质。磐安县中药材产业协会承担了浙江省中药材重大标准化战略试点项目，全面系统地开展影响磐安中药材质量关键因子对照筛选试验，筛选有机肥、种栽大小、生物菌肥等各类影响因子十余种，从源头上把控中药材质量。按照"源于道地、优于药典"的思路，开展以"磐五味"为主的浙产药材道地性评价及标准体系建设,参与中药材流通标准、中药炮制规范的修订,制定浙江省首个16道道地药膳制作标准和14道药材团体标准,提供道地药材种植、加工、销售技术规范。

3. "三品"提升,增强第二产业实力

品种、品质、品牌是产业发展的源生动力,磐安县中药产业发展促进中心充分发挥"江南药镇"中药产业质量联盟作用,坚持"三品"提升,全力打造"浙产好药"。

(1)打造"共享体系",提升产业底气。磐安县政府规划建立了占地1000亩的中药材加工产业园,引进中药材饮片加工企业、中药提炼、中成药制剂、中医保健等企业,延长、深化磐安县的中药材产业链,提升道地中药材的附加值和市场竞争力。截至2020年底,已有康恩贝集团、浙江一方制药有限公司、浙江大晟药业有限公司、俞同春药业、金陵药业等著名药企入驻。基本形成了集中药饮片、配方颗粒(提取)、康养产品等为一体的中药制造体系,具备打造百亿产业的良好基础。为解决药农、药商、药企的浙贝母加工难、规范难等问题,按"企业建设、政府补助"模式,建成中药材"共享无硫加工点"11个,日均可为磐安本地及仙居、缙云、东阳、永康等周边县市代加工中药材180吨。扶持磐康药业投资3500余万元,建立全国首个中药材及中药饮片一体化加工"共享车间"和面积2万平方米的"共享仓库",提供共享加工、共享仓储、共享检测"一条龙"服务,年加工中药材鲜品1万吨,检测中药产品3000余批次。

(2)丰富活动内容,汇聚市场人气。开展各类活动,不断扩大"磐五味"的品牌影响力。结合"江南药镇"特色小镇命名,先后举办或承办了铁皮石斛花节、"揭榜挂帅、全球引才"专项活动、国际大健康产业论坛、浙江省药品生产数字化监管暨"共享车间"试点工作现场会、浙

江省中药材产业协会换届暨道地药材优质优价论坛等一系列大型活动；开展了"七彩药镇·八味药香"中药摄影比赛，完成了《寻味百草》"磐安篇"的拍摄；编印了全县首本中药材专业杂志《道地》并获得了省市专家的一致好评。在浙江省中医药大会召开期间，委托《浙江日报》、《金华日报》、"人民论坛"等国家和省市主流媒体开展磐安中药产业整版宣传。磐安县中药产业建设的相关内容，先后获得了新华社、人民网、《浙江日报》、浙江电视台、学习强国 App、天目新闻客户端等国内主流媒体的宣传推送。

（3）构建智慧中药，蓬勃产业朝气。投入 400 余万元研发"磐安县中药产业智慧云平台"，运用"5G + 物联网 + 云计算 + 大数据 + 人工智能"等技术建立大数据分析和监测预警系统、产业数字化应用、中药材产业品牌管理系统、中药材大数据中心四大子系统，实现对磐安中药产业从宏观到微观"一图看懂""一图管控"。同时通过数据分析预判，指导农民精准生产、服务管理决策，实现人工智能与现代农业的深度融合。建立"浙八味"特产市场网上运营平台，发动和引导市场经营户充分利用微信、QQ、抖音等线上渠道，广泛开展"互联网 +"模式销售。

4. "三链"融合助推全链提升

以"江南药镇"和中药产业创新服务综合体建设为抓手，围绕"药、医、养、游"，打造"药材天地、医疗高地、养生福地、旅游胜地"，构建"道地药材 +"中药产业融合发展磐安模式，实现与其他的地区错位发展。

（1）优化服务，繁荣发展中医药大健康产业。投入 3500 万元建成建筑面积 7196 平方米的中药产业创新服务综合体，围绕"要素链、产业链、创新链、服务链"构建规范化生产、质量追溯、创新创业孵化等七大服务体系，为中小企业、个体户创新发展提供执照办理、税务登记、技术培训等一站式全链条服务事项 41 个，助推中医药大健康产业繁荣发展。自 2018 年 9 月运行以来，磐安县中药产业发展促进中心已办理各类事项 8720 件，协助企业开发新产品 21 种，检测中药产品 5000 多批次，落实技术成果交易 42 项，合同额达 9108 万元。

（2）研制药膳，传承发展传统中医药养生饮食。按照"医食同源、药膳同功"理论，大力实施"百城千店"战略，开展药膳标准起草、产品研发、队伍建设和市场开拓。计划两年内在长三角 100 个城市建立 1000 家磐安药膳标准化门店，截至 2020 年底已在杭州、衢州、丽水、金华等地开设连锁店 86 家；研制药膳产品 180 种，其中药膳菜肴四大品类 83 道；培训全国首批由省技能鉴定中心发证的药膳师 500 名，培养具有药膳师技能的药乡月嫂 800 余人，磐安获得"浙江省药膳之乡"的称号。

（3）深挖资源，延伸发展新型药材主题休闲游。深入挖掘森林文化、村落文化、中药民俗文化等资源，打造"浙八味"特产市场、磐安中药材博览馆、大盘山药用植物园、中医药养生园、国药文化城、中医药产业园、"磐五味"非遗展馆等中药材相关旅游景点，推出养生药乡游、研学科考游、文化古村游、影视摄影游等旅游产品，配套举办中国·磐安中药材博览会，以及中药寻宝国际越野公开赛等药材主题的体育赛事，形成了"串点成线、连线成片，药在景中、赛在药中"的"药园游、药赛游"等药材主题休闲游。磐安县获得浙江省中医药文化养生旅游示范基地、浙江省原生态电影创作基地称号；"江南药镇"成为游客"磐安购"的最大基地，年游客在 85.7 万人次以上。

二、体会与思考

磐安县中医药产业的发展得益于政府的引导，得益于全社会的参与，更得益于持续的质量管控和科技研发的不断投入。围绕磐安县中医药主导产业发展要求，按照"五个地"的创建目标，全面实施五大行动计划，全力推进中医药产业高质量发展，实现高水平的共同富裕。

1. 打造国家中药资源保护利用样板地

开展中药资源保护利用行动，依托磐安优越的生态资源禀赋，打通由资源优势转换为产业优势的通道，使磐安成为全国中药资源保护利用样板地和展示中药资源生物多样性的科普体验区。要提升药用资源"智治"水平，建立灾害应急防控体系，提升自然灾害预见能力、处理能力和响应能力。要开展磐安药用资源共享数据平台和科普示范园区建设，实现磐安境内药用资源数据的共享。要加强种质资源收集保存，提升浙江省中药材种质资源圃建设水平，进一步扩建大盘山珍稀濒危药用植物繁育驯化基地。要加强种质资源开发利用，繁育野生元胡、东贝等磐安特色药材种质资源，推进珍稀药用资源产业化应用。

2. 打造全国精品道地药材生产示范地

开展道地药材扩面提质行动，巩固浙贝母等优势品种种植规模，恢复白术、玄参、白芍等传统品种种植面积，引进黄精等新优品种，推行中药材生态种植，推广林下、林间中药材仿野生种植模式；推行道地药材示范基地建设，结合中药材订单化生产模式，集中建设万亩连片浙贝母标准化种植基地和元胡、白术等传统药材示范基地。推广优良品种和新技术、新模式，开展优质磐安道地药材良种的选育和推广工作。要构建中药材质量标准体系，出台"磐五味"等道地药材评价标准和商品规格等级标准，形成覆盖中药材生产、加工、销售全过程的质量标准体系，并开展试点应用。要加强中药材质量管控，指导种植、加工、仓储、流通等各个环节，提高中药质量水平，引导规范化基地和药农进入共享车间统一加工。要加大监管与执法力度，在中药材生产、初加工、中药饮片经营、使用等环节实施全程监管，严厉打击硫黄熏蒸浙贝母、生产销售假劣中药饮片等违法违规行为，清理整治不良供应商，巩固提升禁止硫黄熏蒸中药材专项整治和无硫市场创建成果。

3. 打造浙产道地优质药材集散地

开展中药材流通转型提升行动，通过建立集约化仓储物流体系、高效运营的电子商务平台，提升"浙八味"特产市场功能，规范经营管理，构建中药材现代化流通体系。加大招商引资力度，进一步优化招商政策，瞄准行业头部企业，招大引强，同时高度重视本地生产企业的主体培育，加大科技型企业的招引，强链补链，走品牌化之路。对行业影响大、技术含量高、补链作用强的企业实行一企一策。要构建线上交易平台，打造高效运营、线上线下协同的磐安中药材供销新机制。要实现单品做大做强，围绕磐安县中药材特性和整个产业发展需要，以标准为指引，深入挖掘、宣传"磐五味"道地性指标，有针对性地开展道地药材优质优价体系构建，实现以浙贝母、黄精等为代表的产业单品突破。开展诚信市场建设，2021年要完成"浙八味"特产市场信用评价体系和重点交易品种流通环节质量追溯体系建设。要打响磐安中医药品牌，构建以"磐五味""磐安药膳""磐安黄精""磐安医养"等为主的磐安中医药公共品牌运营体系，制定产品标准、制作规程和品牌标准体系，推进品牌升级。

4. 打造全国中药产业技术研发新高地

抢抓省级特色小镇2.0建设契机，围绕"产业更特、创新更强、功能更优、形态更美、机制更活"的目标，招大引强，完善江南药镇基础设施，加快重大产业项目推进，通过数字化改革，全力推动中药产业基础高级化和产业链现代化，打造产能提升、质量保障、数字管理、现代物流、中医药服务、中药资源保护、科研创新、关键技术研发八大平台，实现江南药镇的迭代升级。开展科技创新动能培育壮大行动，整合磐安现有科创资源，结合"招院引所""招才引智"，加强政、产、学、研、用横向联合，形成一批中医药产业关键共性技术、标准和成果，培育产业振兴发展动能。要加快推进中药产业创新服务综合体建设，2021年底前要全面完成综合体万亩浙产药材标准化示范基地、中药材产地加工共享车间、浙产药材道地性评价及标准体系等21个项目建设，建成浙江磐安中药创业创新服务综合体。要打造磐安中药产业科创联盟，围绕磐安中药产业需要，有针对性地开展道地药材优质优价体系构建、黄精产业单品突破、中药系列产品研发等关键技术研究，每年至少要有3~5项新工艺、新技术和5~10个新产品、新品种在中药领域推广应用。要完善人才激励机制，通过"揭榜挂帅"，大力推行谁有本事谁揭榜、谁有能力谁来干、谁能破解谁领薪的机制，解决磐安中医药产业发展中的"卡脖子"难题，促进中药产业重点项目攻关高效落实，进一步激发人才创新创造活力。

5. 打造长三角地区中医药康养目的地

开展中医药产业融合发展行动，发挥中药优势，加快中医事业和中医产业发展，推动中医药向养生养老、休闲旅游、健康食品等领域的跨界延伸，加快构建中医药产业融合发展新格局。要加强中医服务体系建设，提供覆盖全民和全生命周期的中医药服务。要建成一批中医产业化项目，加快特色中医、名老中医、民族医药、民间中医在磐安集聚，向上争取民间中医行医试点。要全面推进医养融合，实行"医共体+医养"的运行方式，以送医助养为主，医中延养、养中融医、医养协同为辅，突出"食养""药养""康养"等中医药特色养生服务，开展针灸、按摩、拔罐、贴敷等中医特色技术在医养机构的推广应用。要发展中医药特色健康旅游，多元投入发展高端医疗及康养服务。要做大做强磐安药膳，讲好"磐安药膳"故事，扩大品牌影响力，推进磐安药膳与磐安旅游、磐安小吃、医疗康养等业态的融合发展。要促进中医药多业态融合发展，推进江南药镇养生博览馆、中华中医药博览园等项目建设，培育省级以上中医药文化科普宣教展示基地。

分水镇：制笔小产业带动大发展

分水镇地处桐庐、富阳、临安、淳安四县交汇腹地，是桐庐县的副中心，全镇总面积299.37平方公里，辖26个行政村、2个社区，户籍人口5.3万人，外来人口3.2万人。经过40多年的发展，分水镇形成了以制笔为主的经济格局，先后荣获"中国制笔之乡""中国圆珠笔制造基地""中国笔类出口基地""中国礼品笔之都""全国美丽宜居休闲小镇""首批中国特色小（城）镇"等荣誉称号。截至2020年，全镇共有制笔企业776家，规模制笔企业19家；各类制笔注塑设备5386台，自动、半自动装配机4256台。分水镇生产的圆珠笔、中性笔两大系列共3000多个品种，总产量达107亿支，全行业实现销售收入超86亿元，占全镇工业总量的70%。按照设备规模，已具有年产180亿支笔的产能，全镇拥有笔类专利4800余件。

一、制笔产业发展的主要做法

自获评"中国圆珠笔制造基地""中国制笔之乡"荣誉称号以来，桐庐县委、县政府高度重视基地共建工作。桐庐县和分水镇人民政府、中国制笔协会以及桐庐县制笔企业合作共建中国圆珠笔制造基地，共同打造产业集群平台，发挥制笔产业的集聚效应，促进知识和科技的转移扩散，促进企业的不断创新和进步，促进制笔传统产业的转型升级和高质量发展，促进"区域品牌"打造以增强影响力。

1. 做好产业扶持

（1）加强组织领导，成立中国圆珠笔制造基地工作领导小组，以分管副县长为组长，桐庐县经济和信息化局、商务局、财务局、统计局、外汇管理局、税务局等部门分管领导为成员，加强指导和服务工作。

（2）加大政策扶持，为加快分水镇制笔产业的健康有序发展，桐庐县出台《桐庐县制笔行业改造提升实施方案（2018—2020年）》《关于成立桐庐县制笔业、针织行业、镍产业改造提升领导小组的通知》等政策扶持制笔产业基地的发展，分水镇也制定实施了《分水镇推动笔业改造提升的若干意见》《分水镇制造业高质量发展三年行动计划（2020—2022年）》《关于推进制造业高质量发展和传统产业转型升级的23条意见》等政策。

2. 推进园区建设

加快低、小、散行业整治，做深"一体七园"整体规划，建设智能制造产业园、模具园、电商孵化园、电镀园、喷涂园、拉丝园、文具产业园7个制笔配套产业园。截至2020年底，除智能制造产业园、拉丝园仍在建设期，其余5个园区已建成运营，集聚各类企业65家，服务覆盖全镇制笔企业。其中，模具园区管理团队已经入驻，将开展数字化产业园区建设，结合综合体创建打造模具产业公共服务平台，完成精久、奕达、睦德等9家高端模具企业招驻工作，与98家本地模具企业签订入园协议。拉丝产业园承接塑料拉丝生产线和铝氧化生产线，集中解决制笔配套产业的环保问题和金属笔的配套问题。

3. 提高平台质量

（1）有高质量平台。桐庐县紧抓杭州市传统产业改造提升试点契机，笔业产业创新服务综合体入选第二批省级产业创新服务综合体创建名单。桐庐笔业产业创新服务综合体创建以来，积极依托高校资源、人才资源及龙头企业资源，开展产业共性技术难题攻关。

（2）有扎实举措。截至2020年底，共集聚引进服务机构15家，行业技术人才88人，举办或参加35场招商推介会，全年累计服务企业10443家次；通过项目立项的方式，在模具制造、工业设计、球珠、油墨、新材料和工业互联网等方面开展共性技术研发，新项目立项5个，有效解决了产业的难点痛点问题；与15所高校建立联系，积极谋划产业创新研究院的建立，以浙江大学为主，融合浙江工业大学、温州大学、浙江理工大学、杭州电子科技大学等高校的技术优势，其中博士及副高职称以上49人，以技术研发为导向，为传统产业发展提供新引擎，积极助力桐庐笔业技术提升、服务提质。

4. 优化营商环境

（1）营造良好的亲清政商关系。依法依规坚持底线思维，出台扶持和奖励政策，助力企业疫情防控和复工复产工作；举办"亲清政商会，分水下午茶""'千秋百年·百年千秋'分水青年企业家论坛"等活动，与行业协会、企业家共谋发展对策。

（2）健全招商机制。出台《分水镇招商手册》，依托桐庐笔业产业创新服务综合体平台，加强与部门、高校和企业的合作联系，从拓宽企业招工渠道、加强企业员工培训、畅通融资通道、重点项目全程免费代办服务等多方面营造亲商、爱商、尊商、护商的浓厚氛围。

（3）提升干部队伍素质。开展"爱企联企"服务民营经济发展活动，进一步完善联企访企制度，建立镇领导班子"一对一"服务，努力打造一支"店小二"式领导干部队伍，为笔业传统产业转型升级和制造业高质量发展提供服务。

5. 增强品牌打造

（1）品牌活动的举办和参与。分水镇自 2014 年开始，每年举办中国笔业博览会，目前已成功举办七届；2018 年成功举办首届中国（分水）笔业零配件设备展；参加"中国礼品企业 100 强桐庐峰会"并推介发言。

（2）品牌打造。通过抖音、快手等网络营销路线，与"拼多多"合作建立线上区域品牌馆，入驻企业 17 家；桐庐晨乐文具高端金属笔，继进入 G20 峰会之后，成为第四届浙商大会、第四届世界互联网大会指定用笔。

（3）积极打响区域品牌。完成"找文具 123"B2B 垂直电商平台建设，通过电商孵化园成功孵化铭舰笔业等 16 家企业，打造"中国礼品笔之都"区域品牌，并积极抱团外出参展。

6. 加大技术研发

（1）院校企合作。通过与浙江工商大学杭州商学院合作，成立分水制笔创新中心，形成了人才共育、项目共建、成果共享的良好局面。分水与温州大学合作成立制笔技术研究院；与杭州科技职业技术学院合作打造模具智能制造中心；与浙江大学合作攻关注塑机械手项目；杭州欧赛亿如科技有限公司与浙江工业大学共建联合研发中心；等等。深化与清华珠三角研究院、浙江清华长三角研究院战略合作关系，积极谋求转型。

（2）企业研发。突出人才引领，开展设计师驻厂计划，重推"一支好笔"工业设计大赛，产学研合作更加深入。召开首届创意设计新品发布会，实现设计端与企业需求无缝对接。杭州鼎申新材料科技有限公司与温州大学合作球珠研发和直液式笔开发，安徽省奥乐奥文具科技有限公司水溶性环保彩笔生产线制造项目。制笔领域，国家级高新技术企业 2

家（杭州爱加文具有限公司和桐庐九代文具有限公司），市级高新技术企业 12 家，省级小企业 26 家；完成桐庐县首个工业类市级科技特派员项目，申请发明专利 21 件，授权 6 件。

7. 拓宽销售市场

大力拓展国内、国际两个市场，不断提升企业抗风险能力。

（1）展会。引导企业积极参加各类国内外展会，发展会展经济，成功举办一年一度的中国笔业博览会（2020 年为第七届）和首届中国（分水）笔业零配件设备展（2018 年），分水笔业的影响力、专业化逐步扩大与体现。英雄、贝发、晨光、得力、真彩、爱好、联众等国内文具知名企业成为笔博会常客，CCTV 2、浙江卫视等 30 多家媒体单位追踪播报博览会。

（2）电子商务。成立电子商务协会，做好分水电子商务孵化园的绩效管理，努力打造"淘笔网"。园区代运营服务、文具电商、美工设计、微信服务平台、跨境电商、网上书店均有入驻，园区创业的氛围进一步浓郁。

（3）平台合作。积极对接亚马逊、阿里巴巴国际站、拼多多、京东自营、速卖通等知名电商企业，开展跨境电商，兴建海外仓，组建垂直电商。

8. 完善专利维权

分水镇狠抓知识产权保护，深化"六个一"工作，积极开展知识产权保护工作，营造良好氛围。"六个一"是指：一个快速维权中心，解决分水制笔行业"专利申请时间长、专利不稳定"两大重要弊端；一个专项领导小组，各部门相互配合，联合执法；一批侵权案件查处，开展制笔行业知识产权保护联合执法专项整治行动，公开销毁一批侵权模具与产品，并利用县内媒体、镇区大型显示屏公开曝光侵权案件，引导分水制笔企业逐步形成依法、规范、自律的行业意识；一次"拔钉"行动，以"打霸拔钉"行动遏制一批、震慑一批，营造了分水制笔"打击侵权，保护创新"的浓厚氛围；一个联盟，杭州制笔行业协会成立了"制笔行业知识产权保护联盟"，并签订联盟公约，成员必须做到"不侵权、不说情、主动维权"；一支专业打假队，聘请了专业人员开展打假，并实行举报奖励制度，加大维权线索收集和调查取证力度。分水制笔企业的合法权益得以保障，尤其是侵权的不良行为得到明显遏止，侵权投诉案件明显减少，2015 年 59 件，2016 年 28 件，2017 年 11 件，2018 年 9 件，2019 年 12 件，2020 年 11 件。

9. 深化数字化改造

"数字浙江"建设是"八八战略"的重要内容，数字经济是浙江经济增长的主引擎、转型升级的主动能、创业创新的主阵地，传统制笔产业也需要奋起直追，深入推进数字化改造工作。根据制笔产业数字化转型的实际需求，分水镇与杭州知晓物联科技有限公司合作，从"设计共享、订单共享、制造共享"等方面打造了"制笔产业工业互联网平台"，已有 50 余台设备实现了工厂物联网管理。该项目得到浙江省智能制造专家组专家的高度认可，被评定为杭州市工厂物联网生产过程智能化示范项目。杭州欧赛亿如科技有限公司也创建了数字化样板车间，实现了从前端数据流入到设备、生产数据采集，完成生产排程柔性化、生产作业数字化、生产管理透明化、过程质量可追溯、物流配送可控制，达成车间信息集成、能源资源集约利用，提升整体经济效益。2021 年分水镇也在积极推进"制笔大脑"和"工业地图"项目。

二、发展的思考

分水镇将牢牢抓住浙江省数字化改革的发展契机，坚持创新驱动、特色突出、集约集群、重点跨越四项原则，充分挖掘分水资源潜力，发挥分水制笔产业优势，致力于将分水打造成笔业"智造"基地、笔业创新高地、笔艺文旅胜地，建设成为集绿色、创智、活力为一体的现代笔城。

1. 培育壮大企业

（1）做大做强龙头企业，对龙头企业给予政策扶持，资源要素向优质企业倾斜。

（2）加快培育骨干企业，在球珠、笔尖、油墨、模具等领域培育一批"专精特新"企业。

（3）扶持小微企业发展，针对有潜力的小微企业建立小微企业扶持库，给予库内企业配套资金扶持政策，壮大小微企业发展，加快制笔企业"小升规"工作。

（4）加大企业整治力度，开展制笔行业"低小散""三合一"企业专项整治行动。

（5）加大招商引资力度，上游补链做强，中游整合做大，下游强链做广，推动分水制笔产业集群发展实力全面提升。

2. 加快创新驱动

（1）推动产品创新，鼓励企业多维度创新和品类拓展。

（2）提升产品质量，完善检验检测，优化管理制度。

（3）强化技术创新，推动制笔由低档笔向中高档笔升级，提升产品附加值。

（4）保护知识产权，依托中国杭州（制笔）知识产权快速维权援助中心，做到快授权、快确权、快维权。

3. 强化品牌营销

（1）大力发展电子商务，加大引进和培育力度，积极拓展线上销售渠道。

（2）加强自主品牌培育，鼓励代工和定制等企业做强品牌。

（3）打造强势公共品牌，加大宣传，示范带动，实现整体提升。

4. 推进智能制造

（1）加快企业信息化建设和培训，提升企业竞争力。

（2）推进智能改造示范引领，鼓励制笔企业扩大技改，大力实施"机器换人"项目，着力扶持具有引领示范作用的智能化改造试点企业。

（3）推动工业互联网应用，加大力度推广工业物联网和企业数据化管理。

5. 推动产业融合

（1）推动笔产业工业旅游，结合武盛古街、天溪湖、龙潭溪等景点特色，打造"旅游+笔"的分水特色，大力推进"妙笔·纹化"体验式旅游。

（2）推进笔文化创意产业发展，推进"分水妙笔"区域品牌形象文创和IP赋能，提高产品销量，提升产品附加值。

桐庐县:"快递人之乡"向"快递产业之乡"转变

桐庐县钟山乡是"三通一达"的发源地,被称为"中国民营快递之乡",现有快递从业人员 2000 余人,桐庐全县从事快递行业的人员近 10 万人。近年来,桐庐县围绕"建设特色鲜明美丽幸福的中国民营快递第一乡"的目标,当好"快递回归"攻坚战后方"压舱石",助推"快递人之乡"向"快递产业之乡"转变。

一、快递发展的实践举措

从 20 世纪 90 年代开始,桐庐快递人陆续创办了申通、圆通、中通和韵达等快递公司。随着互联网电商的快速发展,中国快递行业在 2000 年以后业务量快速增长。2010 年 9 月,申通快递率先在深圳证券交易所主板上市,此后圆通及其他快递公司也纷纷上市。

钟山乡发生了巨大变化,成为山区乡镇共同富裕的示范、乡村振兴驱动共同富裕的示范、先富带后富和先富帮后富的示范。

1. 以做好"定盘星"为宗旨服务"快递人"

(1)搭建平台,铺就"连心桥"。成立快递人服务中心,落实"一单化"受理、"清单式"交办、"例会制"研判、"跟踪式"落实四大运行机制,主动为快递人及其亲属提供五类服务项目,累计联系服务快递人2824人次,协调快递人家乡事232件。

(2)强化党建,当好"红小二"。实施"一对一"服务制度,建立"快递人联络群"。定期赴"三通一达"指导快递党建,开展"家乡书记送党课""我为快递小哥送清凉"活动。提升和新建流动党员先锋驿站3个,赴异地送学送课,深入走访快递人。

(3)制定政策,服务"大后方"。在2021年春节前的疫情防控关键阶段,开展"拉网式"摸排,全县共计10万余名在外从事快递工作的人员,通过政策引导和宣传,60%的快递从业人员确定在外过年。积极打造"红创先锋治理"工程,出台"六个一"暖心政策,服务快递人家属12450人次,让快递人安心在外过年,让其家属开心在家过年。春节暖心政策获中央、省、市主流媒体报道。

2. 以打赢"攻坚战"为目标服务"快递项目"

(1)培育"快递+"特色产业。排摸现有资源,建立53个项目库,以充分的准备承接快递项目的回归。通过"走出去""引进来"等方式,2020年,除招引总投资10.2亿元的"快递之源"项目和投资1.2亿元的"陇西生活"项目外,新注册快递关联项目公司15家。

(2)优化"快递+"营商环境。制定"486"重点工作方案,明确打造"快递回归示范区"任务,坚定优化"快递+"营商环境的目标。牵头出版书籍《中国快递桐庐帮》,进一步增强快递人家乡归属感,浓厚快递人回乡创业氛围。

(3)提升"快递+"发展空间。做深做实"拆""整""建"三篇文章。拆除"低小散乱"石材企业43家、无证无照石材加工厂8家,涉及土地约210亩,整治违法用地198亩,拆除存量违法建筑6万余平方米,第一阶段任务全面完成。建设石材行业小微园,着力实现行业有序、产业赋能、环境提质,提升"快递+"产业发展空间。

3. 以引导"快递反哺"为理念建设"快递之乡"

(1)夯实"快递村"发展。牵线快递公司,累计销售蜜梨20余万箱,助力钟山乡歌舞村老粽子厂恢复经营,有效促进农民增收、农业增效、农村发展,实现乡村振兴和产业发展同频共振。牵头成立"百万教育基金"和"村级慈善基金",实现普惠于民。

(2)深化"快递村"内涵。投资2.3亿元,全面完成"快递大道"提升改造工程一期17.8公里,着力搭建阡陌交织、通达未来的交通"大动脉"。实施"快递服务村村通工程",实现了行政村快递服务全覆盖,有效破解"快递通村"难题,累计配送快递3万余件,快递进村率达100%。

(3)引导"快递人"回归。深化快递人服务中心建设,搭建乡贤联谊会、快递人服务群等载体。赴上海"三通一达"快递总公司对接指导快递党建工作,凝聚"快递之乡"共识,打造钟山创新发展的红色引擎。提升和新建流动党员先锋驿站3个,增强流动党员对家乡党组织的归属感和认同感。积极引导优秀快递人充实进村级干部队伍,加速资源双向流通。

二、实践的思考

快递业是现代物流业的重要组成部分,和经济社会发展、人民群众的生活息息相关,桐庐县必将以快递牵引经济发展,全力打造全域美丽的样板、新时代乡村文化的高地,成为共同富裕的重要产业,使"中国民营快递之乡"成为"共同富裕示范乡"。

(1)快递业自觉融入国家工作大局,增强服务国家战略的责任感、使命感。从党的百年伟大征程中汲取前进的智慧、奋进的力量，更加紧密地团结在以习近平同志为核心的党中央周围，在构建新发展格局中找准定位，充分发挥行业在助力生产、促进消费、畅通循环中的重要作用，支撑强大国内市场的建设，推动全球产业链的延伸、价值链的发展和供应链的衔接。

（2）深入推进"两进一出"工程，加快行业高质量发展步伐。落实快递"进村"三年行动方案，健全县、乡、村三级寄递物流体系，对接特色农产品优势区和产业强镇建设，助力乡村振兴。聚焦重点行业和区域推进快递"进厂"，发展供应链综合解决方案，助力制造业的竞争力提升。实施抱团"出海"，深度融入国际市场，加快建设国际寄递物流服务体系。

（3）坚持创新核心地位，加快推进产业数字转型。加强行业关键共性技术、底层技术、前沿引领技术等的创新研发力度。加快行业技术研发中心建设，积极申报国家工程研究中心、国家技术创新中心。积极参与数字邮政快递创新试点示范工程。推广应用大数据、云计算、区块链等技术以及北斗导航系统等先进技术装备。

（4）常态化开展"暖蜂"行动，保障快递员和末端网点合法权益。贯彻落实习近平总书记关心关爱快递小哥的重要指示精神，保障从业人员取得劳动报酬、休息休假、接受职业技能培训和参加社会保险的权利。严格总部管理，及时发现和制止滥用总部权力侵害基层利益且触犯相关法律的行为，着力杜绝压榨末端网点而引起的歇业、服务中断等问题。

（5）擦亮环保底色，推动行业绿色转型和可持续发展。落实绿色发展相关法规标准政策，推进快递包装绿色化、减量化和可循环。加大绿色技术和产品供给，推广使用新能源和清洁能源设施设备，做好绿色网点和分拨中心建设试点。落实绿色发展企业责任，加强碳排放测算，探索快递包装全生命周期管理，联动上下游和社会力量共同推进环境保护。

第二篇
产业融合发展与共同富裕

松阳县：把小茶叶发展成富民大产业

松阳历史悠久，建县至今已有1800多年，农耕文化底蕴深厚，生态优美，山清水秀，气候生态环境非常适宜茶叶生长，好山好水孕育了好茶、美茶、名茶。多年来，松阳县委、县政府坚定不移走"绿水青山就是金山银山"的绿色生态发展之路，全面实施"生态立县、产业强县、文化名县、开放兴县"的发展战略，大力发展茶产业，努力培育茶经济，倾力打造"浙江生态绿茶第一县""中国绿茶集散地"，以夯实第一产业为基础，积极拓展第二、第三产业，通过强化制度建设、标准化建设、配套服务建设等，构建"茶＋"多业态发展新模式，实现了茶产业转型升级。松阳县先后荣获"中国茶文化之乡""中国名茶之乡""中国绿色生态茶叶之乡""中国绿茶集散地""茶叶科技示范基地""中国茶叶产业示范县""全国重点产茶县""全国十大特色产茶县""中国十大最美茶乡""浙江省十大茶叶强县""浙江良种茶之乡""中国十大生态产茶县""2018中国茶业百强县""2018中国茶旅融合竞争力全国十强县""2019年中国十大生态产茶县""'十三五'茶业发展十强县""2020年度茶业百强县"等荣誉称号。"松阳银猴"被评为"浙江十大名茶""中华文化名茶"。浙南茶叶市场被列为农业农村部定点市场、中国商品百强市场，是全国绿茶价格指数发布地。松阳县有近10万人从事茶产业，2020年全县茶园面积13.45万亩，茶叶产量1.65万吨，产值16.84亿元，茶叶全产业链产值127.02亿元，形成了全县40%人口从事茶产业，50%农民收入来自茶产业，60%农业产值来源于茶产业的发展格局。小茶叶成就了大产业，推动了大发展，实现了大民生，让老百姓走上共同富裕之路。

一、推动茶产业发展的主要做法

1. 加强标准化生产建设，构筑全程溯源管理体系

（1）以标准生产为重点，实现过程质量可控。制定颁布《松阳银猴系列茶生产技术规程》地方农业标准和《松阳茶生产技术规范》省级地方标准，大力实施无公害、绿色、有机茶种植。松阳县茶树良种率达95.9%，成功创建为全国绿色食品原料（茶叶）标准化生产基地和浙江省唯一、全国首批绿色食品一二三产业融合发展示范园。

（2）以示范引领为抓手，实现主体升级。制定发布《松阳县人民政府关于进一步推进茶叶初加工户规范生产的意见》，全面推进茶厂改造提升，截至2020年底，累计完成标准化茶厂改造180余家。推进技改提升工作，鼓励和支持清洁化、连续化、智能化的加工流水线，全县现已建成1条全自动智能茶机生产线（浙江上河茶叶机械有限公司）和14条连续化、自动化茶叶初制生产线；培育市级龙头企业13家，省级骨干龙头企业4家，国家级龙头企业1家。2家企业（振通宏食品有限公司和振通宏茶业有限公司）通过了ISO 22000认证，39家企业通过了生产许可认证。

（3）深入开展溯源体系建设。积极搭建集茶叶溯源、监管、查询为一体的茶叶质量安全追溯平台，确保实现"从茶园到茶杯、从茶杯到茶园"的全程双向监控。松阳县已有101家农资经营单位建立了农资监管与服务信息化管理系统，实行农业投入品进入的备案审查、动态实时监管、购销和使用实名登记、产品质量的追溯等制度和手段。松阳县投资

3000万元在浙南茶叶市场建设了茶叶质量检验测试中心，对生产、加工、销售各个环节实施定期监控和抽检。在浙南茶叶市场实行茶叶质量IC卡溯源管理。

2. 完善标准化网络体系，畅通全链式销售模式

（1）做强专业交易市场，推进产业集聚。将浙南茶叶市场作为推动茶产业转型升级的重要平台，不断完善市场信息、检测、物流、储运等配套体系，并以中国（国际）茶商大会·松阳香茶茶叶节为载体，强化浙南茶叶市场集散功能。截至2020年底，浙南茶叶市场已吸引全国20多个省（区、市）的4000多家茶商常驻，辐射带动周边省（区、市）1000余万亩茶园，惠及茶农150余万人。

（2）搭建茶青交易市场，规范源头交易。在各重点产茶乡镇建立标准化茶青市场，搭建茶农与加工企业"原料"交易平台，使茶青直接成为商品，实现了"细水长流"式的稳定增收。截至2020年底，全县建成规模化茶青市场3个，全县90%以上的鲜叶通过茶青市场流通，新兴镇上安茶青市场成为浙江省最大的茶青交易市场，日交易最高峰达到2万人次，年交易量达到3万吨。

（3）加快总部经济发展，拓展市场空间。整合周边地区乃至全国的优势资源，深入实施"市场兴茶"战略，构建以浙南茶叶市场为中心、县外茶叶直销窗口为补充、"互联网+"为延伸的线上线下全营销网络，形成了"走全国、种全国、卖全国"的茶产业总部经济模式。在全国10多个省（区、市）开设茶叶专卖店，累计培育茶叶电商企业（个体工商户）350余家，2020年实现网络零售总额10.86亿元，全县1000余名外出茶师在贵州、湖北、云南等8个茶叶主产区开发茶叶基地8万余亩，建立茶叶加工企业。

3. 以融合发展为突破口，构建茶产业上下游资源整合体系

（1）细化茶农分工，实现"术业专攻"。实施"松阳茶师""百千万"工程，围绕茶产业发展各个环节，大力推进茶叶种植、加工、经营等环节专业化、规模化，细化产业链环节的行业分工，引导鼓励茶农从事涉茶行业。截至 2020 年底，已衍生出茶苗商、茶机商、茶园"理发师"、采茶工中介等各类小行业，直接从业人员达 2 万余人；培育"松阳茶师"1 万余名，茶机商 12 家；发展采茶中介 20 余家；年产茶苗 5000 万株以上，俏销贵州、广西等 10 多个产茶大省（区、市）。

（2）推进茶资源综合利用，提升附加价值。依托院士工作站、国家茶产业技术体系、浙江省茶产业重点科技创新团队等茶产业科技创新体系，将茶叶加工延伸到医药保健、食品、养殖等饮茶和用茶领域。截至 2020 年底，松阳县已开发茶提取物、含茶食品、茶保健品等茶资源综合利用产品 20 余个。

（3）挖掘茶叶文化，增强文化底蕴。设立茶文化研究会，推进茶文化与道教文化、耕读文化、养生文化等融合发展，出版《松阳茶韵》《银猴飘香》等书籍 20 余部，创作《松阳茶歌》《茶颂》等茶歌、茶舞 10 余支，并成功创建"中国名茶之乡""中国茶文化之乡"。同时，将"五型"茶馆（专业型、商务型、休闲型、观光型、体验型）建设作为打响茶文化品牌的重要举措，截至 2020 年底累计建成茶馆、茶吧、茶家乐、茶主题餐厅等 20 余家，实现经营性收入 1000 多万元。

二、发展茶产业的体会

作为经济加快发展地区，松阳县坚持"绿水青山就是金山银山"的理念，立足山区县的生态优势，大力发展茶叶产业，把小产业打造成富

民大产业，实现了共同富裕。这不仅得益于政府的引导，更重要的是百姓的参与，实现一二三产业的融合发展。

1. 政府的引导是发展导向

21世纪以来，松阳县委、县政府一直重视茶叶产业的发展。近年来，松阳县先后出台《关于加快推进松阳茶产业转型升级 打造全国茶产业强县的若干意见》《松阳县推进茶产业转型升级扶持办法》等文件，高要求对标欧盟标准，全面推进种植质量提升、加工品质升级、品牌市场拓展、经营主体培育、产城融合发展、茶叶转型保障六大工程，深入实施"科技兴茶、龙头兴茶、市场兴茶、品牌兴茶、文化兴茶"战略，致力将松阳打造成为茶园生态、茶品高雅、茶文荟萃、茶人质朴、茶韵浓郁的"中国有机茶乡"。可以说，茶产业已成为松阳县域经济发展名副其实的支柱产业。

2. 老百姓的参与是发展基础

经过多年的发展和努力，松阳县由茶叶种植衍生拓展出茶苗商、茶机商、采茶工中介等各类小行业，直接从业人员超过2万余人，培育"松阳茶师"1万余人，茶产业成为拓宽农村就业渠道的有效载体，茶叶成为松阳百姓增收致富的"金叶子"。

3. 市场的开拓是发展的前提

依托茶产业，松阳县建成浙南茶叶市场，吸引全国各地4000多家茶商常驻市场，辐射带动福建、湖北、江西、安徽、湖南、四川、贵州等主要产茶地150余万户茶农、1000余万亩茶园，销售网络遍及全国20多个省（区、市），成为"全国绿茶第一市"、全国绿茶价格指数发布地，形成"小产区、大市场"的格局。

4. 品牌的塑造是发展动力

"松阳茶"成为国家地理标志保护产品,"松阳银猴""松阳香茶"成功注册为国家地理标志证明商标,"松阳银猴"以 24.7 亿元的品牌价值居丽水市首位、浙江省第 7 位,被认定为"中国最具经营力品牌""最具影响力中国农产品区域公用品牌"。连续十二年举办中国茶商大会·松阳银猴茶叶节,并成立全球首个茶叶碳中和试验基地——联合国粮农组织中国碳中和茶松阳试验基地。作为茶事合作和茶文化交流的重要平台,该活动还成功入选"中国茶事样板十佳"名单,成为"浙江省最具影响力十大农事节庆"之一,跻身"中国农事节庆影响力"五十强之列。以茶产业为主导的松古盆地农村产业融合发展示范园,也顺利入围浙江省首批省级农村产业融合发展示范园创建名单,松阳茶产业的知名度和美誉度不断提升。

5. 一二三产业的融合是发展的关键

立足茶产业,松阳初步探索出一条农文旅深入融合的发展路径。大木山茶园建成全国首个集生产、销售、运动、休闲、文化等功能于一体的国家 4A 级旅游景区,获评全国首批、浙江省唯一的绿色食品一二三产融合发展示范园。结合茶产业发展,推动省级特色小镇——"茶香小镇"建设,并被评为全国茶旅金牌路线和省级"最美田园";顺应消费升级需求,出现了生态有机茶、传统手工茶、定制茶等产业发展新趋势。此外,茶文化与道教文化、耕读文化、养生文化等呈现融合发展的良好态势,大大拓宽了茶产业的发展空间,有效推动了产业的大融合发展。

仙居县：产业融合 "小杨梅"实现大发展

仙居县地处浙江东南丘陵山区，素有"八山一水一分田"之称，县域面积2000平方公里，耕地面积38.54万亩。仙居是中国杨梅之乡，全县杨梅种植面积14万亩，占浙江省种植面积的10%，是浙江省杨梅种植面积和产值第一大县；2021年杨梅产量10.7万吨，鲜果产值达到10.1亿元；全产业链达到26.9亿元，杨梅全产业链产值与农业（第一产业）总产值基本持平，形成集集约化加工链条、网络化服务体系、品牌化营销渠道、杨梅休闲观光、杨梅文化生活于一体的发展格局，是省级示范性全产业链。2020年农民人均可支配收入2.45万元，比上年增长6.5%，在26个加快发展县市中排名第六，其中低收入农户收入1.15万元，比上年增加16.2%，列台州市第一，在26个加快发展县市中排名第五。2021年，全县杨梅全产业直接促进梅农户均增收3.2万元，3.15万户农户通过杨梅产业链实现了共同富裕，从业人员达10万余人。杨梅产业深度融合，杨梅加工、杨梅休闲、杨梅文化、杨梅消费等工作的推进，促进农民就业1.5万人，年收入5万元以上。"仙居古杨梅群复合种养系统"被评为中国重要农业文化遗产，2019年入选中国全球重要农业文化遗产预备名单。"仙居杨梅"商标被评为"中国驰名商标""浙江名牌产品"，并获得原产地保护认证和地理标志认证，在农产品区域公用品牌杨梅类中排名全国第一。

一、发展杨梅产业的主要做法

1. 以质量安全为抓手,全面保障仙居杨梅品质

(1)梯度栽培与生态防控并举。仙居县实施了"百里杨梅长廊""万亩杨梅上高山""杨梅梯度栽培"等重点工程,在平原种植早熟的荸荠种杨梅,在中高山区种植晚熟的东魁杨梅,利用海拔高度差将采摘期从不到 20 天延长到近 50 天,扩大 1 万多名山区农民的受惠面。改变重施化肥的传统做法,推行重施有机肥、套种绿肥、生态复合栽培等有效措施;政府购买物资,基本将杀虫灯、黄板粘卡、种植波斯菊等物理防治方式覆盖全县投产杨梅园;每年投入 300 万元实行杨梅统防统治,建成 13.25 万亩全国杨梅绿色食品原料标准化生产基地。

(2)质量监管与安全检测并存。仙居县制定了《仙居杨梅质量安全监管工作实施方案》,切实明确了"主体、属地、部门"三方责任。农业农村、市监等部门联合组建一支质量监管员队伍,到山间地头、企业市场进行全程化监管。在全县 5 个大型杨梅批发市场、5 个杨梅专业合作社以及各乡镇街道,建立 28 个质量安全检测站,检测面覆盖全县投产杨梅园和杨梅市场,2021 年定量检测 479 例,定性检测 17423 例。强化检测结果运用,建立"竹竿队",对杨梅检测不合格的,将该种植户的所有杨梅一律敲落停采。建立杨梅质量安全追溯体系,实现生产记录可存储、产品流向可追踪、储运信息可查询。

(3)技术支撑与产业服务并进。建立技术推广网络体系,以杨梅产业首席专家为主导、农技责任员和 300 多个村级技术辅导员为支撑,加强标准化培训和宣传。与浙江大学、浙江省农业科学院等共建浙江杨梅产业研究中心,为杨梅产业发展提供技术支撑。与浙江省农业科学院合作成立杨梅科普学院,创建杨梅产业技术研发体系,形成产业创新平台。

开展浙江省首个"仙居杨梅气象指数保险",降低农业产业"靠天吃饭"现象的风险,2020年仙居县9410户梅农投保70228.3亩杨梅,保费973.3万元。

2. 以三产融合为抓手,全面提升仙居杨梅品味

(1)精深加工调结构。积极培育引进杨梅加工企业,截至2021年6月,已有9家农业龙头企业,其中2家省级骨干龙头企业。各企业优先收购本县杨梅,充分保障梅农收益。打造两条投资总额近亿元,属国内首创的万吨级杨梅深加工生产线,年加工转化能力近4万吨,深加工产品类型达30多种,拥有杨梅加工、包装等专利18项。充分利用杨梅果实,杨梅核提取籽油,杨梅渣提取花青素,杨梅汁制作原汁、酵素、酒类等产品。

(2)休闲观光促转型。持续举办23届中国·仙居杨梅节,同时以杨梅为媒介,推出采摘游、观光游等旅游休闲新方式;以杨梅产业为核心,规划五条美丽乡村休闲旅行精品景点线路。创新营销模式,与阿里巴巴合作,以云直播形式举办"2020浙江'六月杨梅红'系列活动暨仙居杨梅节启动仪式",同时对400位农户进行淘宝村播达人直播培训,鼓励农户利用视频平台开展线上营销,仅天猫平台销售额就超过4000万元。2020年杨梅节期间,仙居县各景区(点)共接待游客242.74万人次,同比增长1.87%;门票收入4060万元(含杨梅观光果园门票收入2000万元),同比下降11%;旅游总收入10.08亿元,同比增长1.8%。

(3)保鲜储运助发展。根据不同的运输地点,开展冰袋保鲜、微孔气调保鲜、真空包装、氮气包装、泡沫箱防震、全程冷链运输等多种手段延长鲜果保鲜期,形成了一整套较为成熟的杨梅储运技术。随着电子商务的发展,仙居杨梅开启了线上线下同步营销模式,与顺丰速运、邮政公司等物流企业签订战略合作协议,同时建立21个大型产地批发市场,300多套冷藏包装设备,1个仙居杨梅顺丰独立中转站,为仙居杨梅销往全国,出口加拿大、新加坡、欧盟、阿联酋等国家和地区打下坚实基础。2021年6~7月仙居县杨梅鲜果寄递达300余万件,营业收入约1.3亿元。

3. 以一县一业为抓手,全面打造仙居杨梅品牌

(1)打造区域公用品牌。成立仙居县果品产销协会,作为梅农、政府、客商之间的桥梁,做好杨梅行业的管理和服务,使之成为企业参与决策的平台。打造"仙居杨梅"区域公用品牌,2007年"仙居杨梅"证明商标正式批准并投入使用,先后获得原产地保护认证、地理标志认证和国家农产品地理标志登记,品牌价值在农产品区域公用品牌杨梅类中排名全国第一,并成功在美国、日本等13个国家和地区注册。每年杨梅节期间,仙居县农业农村局联合市场监督管理局开展仙居杨梅品牌保护专项行动,连续7年前往各大城市开展仙居杨梅推介会,与省厅对接,举办2020年浙江省重要客商"看基地·云助农"仙居名优农产品品鉴推介会,提升仙居杨梅知名度。在微博、淘宝、微信朋友圈、高铁站等地进行杨梅广告植入,有针对性地抢占一线城市市场,拓展销售平台。

(2)营造全县申遗氛围。2015年仙居杨梅栽培系统被列入中国重要农业文化遗产。目前,古杨梅群复合种养系统正在积极申报全球重要农业文化遗产。仙居县成立由县委书记和县长共同担任组长的农业文化遗产领导小组,出台《浙江仙居古杨梅群复合种养系统保护与发展》,建立全国首个"古杨梅品种资源圃"和免费对外开放的"古杨梅公园",拥有世界上最大的杨梅种质资源库,超过百年树龄的古杨梅有13425棵,千年杨梅28棵。挖掘杨梅传统文化,找寻、培养杨梅加工技艺非物质文化遗产传承人。

(3)助推农民脱贫致富。仙居县有500多家杨梅专业合作社,成立

杨梅产业农民合作经济组织联合会，推动杨梅产业规范化发展。采取"市场+公司（合作社）+基地+农户"的产业化经营模式，一头连市场，一头连农民，各个环节有机结合，经济支撑作用凸显。仙居有10万户梅农，50多个杨梅村，96%以上为小农户，杨梅是农民最重要的经济支撑产业。杨梅成熟时，县内连同在外求学、经商、打工的县外人民都宣传销售仙居杨梅，已形成"全民为杨梅，全民卖杨梅"的产业氛围。杨梅选果、包装等庞大的人工需求为农村剩余劳动力、留守妇女等提供了就业机会，增加了农村家庭收入，2019年全县低收入农户人均可支配收入增长9.7%。同时，杨梅市场的需求为集体经济薄弱村提供了脱贫机遇，例如仙居县步路乡西炉新村，通过公开招投标出租杨梅市场摊位的方式来增加村集体收入，2019年西炉新村集体经济总收入为46.33万元，比2018年提高了2.32%。

4. 以数字化为依托，建设杨梅数字农业

（1）搭建全国首个杨梅数据平台。打通杨梅产业各环节的信息渠道，有效提高杨梅栽培管理、质量安全、减灾增收、营销管理水平，实现杨梅全产业链信息化、数据化转型。

（2）促进线上线下市场融合发展。在线上搭建电商数据分析系统、用户反馈系统、线上分销平台，提升仙居杨梅电商渠道流通品质；在线下建设占地5000平方米的两个杨梅综合交易市场，服务东、西片区梅农。

（3）建设智能大棚。通过搭建100多亩杨梅智能大棚，提早杨梅上市时间，进一步增加杨梅经济效益，优质优价。

（4）提升壮大加工产业。建设杨梅酒、饮品、食品三个系列的智能化工厂，满足消费升级与消费个性化、年轻化的市场新需求。实现冷链技术突破，打造杨梅锁真保鲜技术体系、杨梅实验检测和智能分拣包装系统、杨梅蓄冷保鲜物流系统等，实现杨梅保鲜期延长至一个月以上。

（5）数字化赋能。以杨梅为切入口，迭代升级亲农在线应用平台，对全链条数字赋能，让梅农能在手机上实现一键保险、贷款、开票、智能管理、质量追溯，以及找专家、找客户等服务功能，推动全链式智慧化转型。

二、体会与思考

1. 强化组织保障

把争创全国农业全产业链典型县作为实施共同富裕示范区试点的主要抓手，仙居书记、县长亲自挂帅，成立领导小组，下设链长室，由分管县委常委任产业链链长，统筹典型县建设的重大决策、工作部署，制定完善配套政策，健全体制机制，整合各类专项资金和社会资本，保障杨梅产业链建设。

2. 强化政策保障

制定出台各类专项扶持政策，提供土地、资金、人才等资源要素保障。出台农业用地支持政策，每年拿出10%以上的土地指标用于发展农业产业；出台杨梅产业链提升专项政策，每年整合各类财政资金5000万元以上，用于杨梅产业链建设；加强与金融机构合作，设立"杨梅贷"，授信杨梅贷款额度25亿元。制定《仙居人才新政三十五条》，建成浙江省"院士之家"，落实"两进两回"工程，实施四大突破口，为杨梅产业链建设提供人才、资金、土地等要素保障。

3. 强化机制保障

建立杨梅质量、杨梅标准、杨梅品牌、杨梅营销、杨梅技术、杨梅全产业链发展模式等相应政策和机制，保证杨梅全产业健康有序优质发展。如仙居县政府出台了《仙居杨梅质量安全监管工作实施方案》，发布了《仙居杨梅地方标准》，注册登记了"人间仙果，仙居杨梅"的公共品牌标识，建立了品牌宣传推荐广告投放制度，完善了农技服务、植保服务、仓储冷链服务、金融服务四个平台，健全了杨梅产业链联合机制，为杨梅全产业链健康快速发展奠定了坚实基础。

常山县：把胡柚产业发展成为共同富裕的大产业

常山县位于浙江西部、钱塘江源头，建县历史1800余年，是全球绿色城市、中国天然氧吧、国家重点生态功能区、浙江省重要生态屏障。绿水青山孕育"常山三宝"，常山是胡柚之乡、油茶之乡、食用菌之乡，也是观赏石之乡。胡柚是常山县特有的地方柑橘品种，原产于常山县青石镇澄潭胡家自然村，由酸橙与柚天然杂交而成，为我国珍贵的柑橘种质资源，距今有600多年的栽种历史。胡柚青果为衢枳壳中药材，为新"浙八味""衢六味"，衢枳壳于2016年纳入《浙江省中药炮制规范（2015年版）》道地药材名录。常山胡柚先后获得中国驰名商标、国家地理标志产品、农产品地理标志保护产品等荣誉称号，并入选第二批中欧互保地理标志协定保护名录。近年来，常山县通过胡柚产业融合发展集成创新示范建设，探索胡柚产业高质量发展机制，进一步释放改革动能，激发创新活力，努力打造"重要窗口"建设的标志性成果，助力高质量推进乡村振兴。2020年，常山胡柚栽培面积10.5万亩，年产量13.6万吨，衢枳壳原药材年产量6000吨，总产值达20亿元。带动全县10余万从业人员增收5.6亿元。胡柚种植净收入2.4亿元，收入增加值较上年同比增长26.3%，平均带动每个农民增收1514元。2020全年常山县农村常住居民人均可支配收入24033元，胡柚产值在全县农民增收中占比6.8%。此外，通过打造"漫柚溪谷"、胡柚文化展示中心等项目，进一步宣传推介"常山胡柚"品牌,吸引更多游客前来游购,提高产业附加值,依托胡柚产业的"农文旅"融合项目年产值可达到 5 亿元以上。

一、胡柚产业发展的主要做法

1980 年以来,常山县历届县委、县政府高度重视,14 任县委书记齐抓一只"果",初步实现常山胡柚全产业链发展,使胡柚成为乡村振兴的支柱产业、农民增收的富民产业。

1. 运用二产思维、三产理念,培育第一产业

(1)扩大种植规模。坚持把常山胡柚这一全国特色优势农产品,作为助推常山县"两山"转化行动的主抓手和主引擎,实行改革赋能、科技赋能、数字赋能、平台赋能,不断提升常山胡柚生态链、供应链、产业链和价值链,使之成为产业振兴的新高地、三产融合的模范生和农民致富的"常青树"。2020 年,常山胡柚栽培面积 10.5 万亩,年产量 13.6 万吨,衢枳壳原药材年产量 6000 吨,总产值达 20 亿元。

(2)提升胡柚品质。以标准化、绿色化、规模化、设施化、智慧化"五化"为引领,按照"开发新建一批、改造提升一批、集中流转一批、嫁接更新一批"的思路,建有胡柚规模标准化基地 3.5 万亩,建成太公山、江家畈国家标准果园 2 个,省级胡柚产业示范区 1 个,优质精品果园 20 个,创建省级特色农业(胡柚)强镇 2 个。大力实施标准化果园创建工程,采用"评先奖优"等方式,引导和支持种植主体,加强柚园基础设施配套建设,注重应用优选新品种、专用有机肥、设施栽培、生物防控、数字分选等先进适用技术,保障从苗木定植到栽培管理再到分级贮藏全程的标准化、可溯源。

(3)开发产品优势。常山胡柚有点苦、有点甜、有点酸、有点鲜,

性甘平，味略苦，微寒，属中医学上的凉性果品。与其他柑橘水果相比，常山胡柚具有以下几个明显优势：品种独特，我国多位园艺界权威专家称常山胡柚为"中国第一杂柑"，其被誉为"水果之王"；风味独特，甜中微苦，风味别具特色，有别于其他水果，非常符合国际流行口味，可与美国的"西柚"相媲美，此外还富含磷、钾、钙、镁、铁、锌、铜、锰等矿物质微量元素，营养极为丰富，是全能型的营养水果；贮藏独特，胡柚耐储存，可自然存放8个月时间，是柑橘类水果中储存期最长的品种之一；功效独特，常山胡柚是老少皆宜的功能性水果，利于肺，具有降糖稳糖、降血脂、抗癌、抗衰老和增强人体免疫力等作用。

近年来，常山坚持高端化精加工发展，推进产学研合作，将胡柚深加工、药材利用等推向全产业链开发，提高胡柚经济价值。目前，胡柚系列化、药用化加工取得显著成果，常山县已开发出胡柚茶、胡柚果脯、胡柚酵素、胡柚NFC鲜榨汁、双柚汁、胡柚囊胞、胡柚黄酮素、胡柚精油面膜、胡柚膏（酱）、固体饮料、胡柚酒、胡柚月饼文创等"饮、茶、食、健、美、药、香、料"八大系列30多种产品，年加工消耗胡柚鲜果近4万吨。此外，常山胡柚药用功效研究也进入实质性阶段，"衢枳壳儿童抗呼吸道感染新药开发"已被浙江省科技厅列入2020年度重点研发计划立项项目；胡柚降糖功效研究和衢枳壳护肝机制研究分别列入国家自然科学基金项目，为胡柚生物医药产业开发提供了强有力的科技支撑。

2. 聚焦三大领域，激发农业融合动力

（1）深化农旅融合。常山县始终坚持胡柚一二三产业融合发展战略，积极探索产业融合发展新路径。常山县农文旅融合发展取得了显著成效，创作的《胡柚娃》卡通动画电影获得浙江省第十四届精神文明建设"五个一工程"优秀作品奖、浙江省文化创意产业优秀文创项目等系列荣誉。2020年8月，《胡柚娃》在浙江全省院线上映。《胡柚颂》《胡柚花开》

等以胡柚为主题的诗歌舞蹈节目不断推陈出新，胡柚文化节、赏花节、推介会、"胡柚喝彩"等节庆活动及"采摘游"休闲观光蓬勃发展，胡柚产业的文化功能、休闲功能不断拓展。近年来，以"两镇"（胡柚小镇、农业特色产业强镇）、"两园"（常山胡柚省级农业科技园、柚香谷省级农村产业融合示范园）、"五中心"（综合服务中心、数字管理中心、科技孵化中心、物流集散中心、文化展示中心）建设为依托，形成了产业特色优势明显、资源要素集聚、配套设施完善、上下产业链配套齐全的农文旅融合发展格局。2020年全县累计接待游客838.2万人次，实现旅游总收入53.47亿元。高标准打造"金色同弓"田园综合体，依托全域土地整治，流转土地5972亩，植入现代农业，成功入围第三批省级农村产业融合发展示范园名单。

（2）强化农工融合。加快农业工业化联合发展步伐，增强精深加工能力，吸引"头部"企业，与胡庆余堂合作，开发庆余常山胡柚膏，上市仅半年，销量就超25万瓶。培育本地"龙头"，建立了天子果业、忠诚生物、艾佳果蔬等30余家精深加工企业队伍，围绕常山胡柚、常山山茶油等特色产品，开发70余种深加工产品。高标准打造"柚香谷"三产融合示范园，建成香柚基地1万亩，研发"胡柚+香柚"双柚汁饮品，半年时间成功抢占长三角市场。常山积极推动"双柚合璧"产业内部融合，香柚作为源于中国、兴于日本和韩国的特色柑橘新品种，与胡柚配伍、优势互补，可开发多功能系列产品，极大地促进了胡柚新产品开发和产业链延伸。2020年7月，集种苗研发、种植、产品深加工、网络化销售于一体，结合旅游、度假、康养等功能的柚香谷农村产业融合发展示范园被列入第二批省级示范园创建名单。

（3）优化农商融合。围绕胡柚、食用菌等农产品的储存、运输环节，打通产品冷库仓储、运输调配管理系统，实时采集冷库数据，合理调配仓库空间。同时统筹物流企业，串联农批市场，提升短链流通能力。截至2020年底,全县建成智能贮存冷库58座,共计17.37万立方米,新建农村物流服务网点171个,实现乡镇农村物流节点全覆盖。建成"1+5"高速物流圈,即以杭州为中心,辐射宁波、嘉兴等五个省内重要集散点,实现县域农产品1小时进市、5小时通省,物流提速达50%。

3. 围绕三大应用,积蓄农业生产动能

(1) 从地上到屏上,实现科学种养。以数字基地培育为抓手,从育种、播种到管护、采摘等全过程推进自动化、数字化农业设备装备率,推动规模农业主体数字化转型,实现作物集中化、一体化,流水线育苗。截至2020年底,常山县培育数字基地23个,已建成160亩县级数字化胡柚种苗繁育中心。通过数字模型的智能化控制,胡柚苗的出苗率从60%提升到80%以上,产量提高30%,优果率提高90%以上。

(2) 从手动到自动,实现高效生产。对标精品化、科技化、高效化要求,加快建设农业生产数字工厂,推进数字装备系统集成与综合运用,进一步提高农业生产效率。截至2020年底,常山县柚香谷、健达农业已入选浙江省数字农业工厂试点,累计投入1000万元,建成每小时分选30吨的常山胡柚数字化分选中心,实现从分选、包装、储藏到冷链配送全过程"机器换人",效率提高6倍以上。2021年6月,柚香谷公司成功上线每小时产能1.6万瓶的双柚汁自动化高速灌装流水线。

(3) 从田间到餐间,实现安全溯源。推出上市农产品"一证两码"管理模式,即"量身定制"农产品合格证、生产条形码、追溯二维码,要求县级规范化家庭农场、专业合作社等农业生产主体全部附"码"上市,实现农产品采摘日期、生产主体等各类信息扫码可追溯、可查询。截至2020年底,已建成292家规范化农业生产主体信息库,全面落实"一证两码";累计推行食用农产品合格证企业主体238家,上传智慧监管App信息数据320条。

二、思考与体会

多年来,常山胡柚产业融合发展,经济效益、社会效益、生态效益都得到了大幅提升,推动了共同富裕。从常山胡柚产业融合发展、推动共同富裕的情况来看,有以下几点体会。

1. 各级领导重视是促进胡柚产业融合发展、推动共同富裕的关键

常山县在促进胡柚产业融合、推动共同富裕方面,各级领导都非常重视,成立了领导小组。例如,县级层面做到以下两点。一是成立领导小组及办公室。领导小组负责制定项目的建设规划、资金筹措、实施计划、项目验收等工作,并制定相应的项目、资金政策措施,做好统筹协调,合力推进项目实施,完成项目建设任务;办公室设在县农业农村局,负责协调各实施单位和有关部门做好统筹协调、创新服务和督查检查工作,参与项目规划、实施、验收等。二是健全管理机制。秉持"政府搭台、企业唱戏、农户参与"的共建共享方针,对该项目实行"1+X+N"的经营管理模式,即以政府工作领导小组统筹区域项目运转,以入驻各项目的 X 个龙头企业为主导,结合 N 个小型企业或农民合作社以及农民,实施区域胡柚产业发展的落地建设和经营管理。可以说,没有各级领导的高度重视和参与,常山胡柚产业融合是难以取得如此大的成效的。

2. 保障措施到位是促进胡柚产业融合发展、推动共同富裕的基础

多年以来,常山县在促进胡柚产业融合发展方面采取了多项保障措施,是推动共同富裕的基础。一是资金保障。为确保项目顺利实施,整

合有关项目和财政资金，统筹安排专项资金支持，重点向公共性、基础性、服务性的扶持环节倾斜。优化支农惠农政策，积极引导主体自筹投入农业项目，引导农民增强市场主体意识，逐步形成政府投入为导向、主体投入为重点、社会力量投入为补充的多元化投入机制。二是用地保障。不断完善示范区范围内的土地经营权和宅基地使用权流转机制、建设用地调剂使用机制、低效用地再开发激励机制、低丘缓坡地开发机制等，建立县内建设用地增减挂钩机制。三是人才保障。畅通智力、技术、管理下乡渠道，深化院（校）地共建创新农业专业人才引进机制。实施"智汇常山工程"，重点培养休闲观光农业、文化创意农业、农产品电商、农家乐、民宿等新型实用人才。四是科技保障。加强与科研单位及技术推广单位的联合，以高校及科研院所为技术支撑，加强关键技术创新研究。支持企业承担各类科技成果转移，联合各类科研机构成立研发中心，联合开展科技研发、应用和推广，推动科技成果转化和产业化。

3. 坚持胡柚深加工产品开发与研究是提高胡柚附加值的重点

常山胡柚是柑橘品种中最适宜深加工的品种，目前已开发的胡柚深加工产品有胡柚囊胞、胡柚茶、胡柚果脯、胡柚果汁、胡柚酵素、胡柚宝（黄酮素）、精油面膜、胡柚膏、胡柚果酱、胡柚青果茶、胡柚酒、双柚汁饮品等60多个品种。加工产品年消耗胡柚鲜果4万吨，占年总产量的30%以上。其中，天子公司的胡柚囊胞已成为美国可口可乐公司果粒橙的主要原料；艾佳公司NFC胡柚鲜榨汁已供应全国各大超市；恒寿堂双柚酵素、双柚汁已经成为常山县的本土高端饮料；胡庆余堂、忠诚生物研发的胡柚膏、胡柚精油面膜等系列产品上市后备受青睐；"衢枳壳配方颗粒"已成功进入部分医院。坚持胡柚深加工产品开发与研究，胡柚深加工产品可分为：胡柚饮料类、食品类、保健类、美容日化类、药用类、芳香类、餐饮料理类、文创类等，即"饮、食、健、美、药、香、料、茶"八大类深加工产品体系。坚持以生物医药开发为主攻方向，利用胡柚提取物开发系列功能性食品、休闲食品、特医食品。利用胡柚精油开发美容、护肤、健身等系列日化类美妆产品等，提高胡柚附加值，是常山胡柚产业融合发展的重点。

同山镇：同山烧全产业链建设助力乡村振兴

同山镇位于诸暨市西南部，距市中心22公里，距省道1公里，距最近的高速出口6公里，地处沪杭、金义两大都市圈连线中心处，地理优势明显，交通便利。全镇面积55平方公里，下辖14个行政村（社区），总人口约2.2万人。同山烧属清香型白酒系列，俗称"秫秫烧"，是一种纯高粱固态手工酿制蒸馏酒，其独特的色、香、味闻名业内，被誉为"江南小茅台"，同山烧酒传统酿造技艺被列入第三批浙江省非物质文化遗产目录。近年来，诸暨市政府紧紧围绕"同山烧产业深度融合集成创新示范建设项目"下大力气、做深文章，坚持"集成增效、改革创新"核心理念，围绕"三全"（全产业链集成创新、全区域集成发展、全资源要素集约利用），争取各类资金1.88亿元，建设项目9个，高质量推进同山烧产业蓬勃发展。截至2020年底，同山镇有酒企4家、酿酒小作坊38家、酿酒散户700余家，年产量超4000吨，产值达5亿元。

一、实践做法

同山镇围绕深化全产业链建设，从大力发展特色产业——同山烧入手，全力争取省级产业项目资金支持，科学规划，带动本地高粱品种复壮扩面，扶持酒企做强做大做升级，引导酿酒小作坊做精、做美、做特色，为农业增效、农民增收提供同山经验。

1. 壮产业，稳步迈开新路子

始终以核心产业为龙头，以"延链、强链、壮链、补链"为途径，不断丰富"酒业+"新业态，构建一二三产业融合发展新路。

（1）走利益联结之路。坚持把为农民分享更多增值收益作为基本出发点，着力增强农民参与能力，将集成创新同山烧全产业链的高粱种植、白酒生产、加工销售各个环节直接、有效地链接村集体和农户的利益，创新联农带农的有效激励机制，增加农民的经营性收入、财产性收入，扩大就业岗位，不断提升农民的获得感、幸福感。

（2）走要素融合之路。立足同山区位优势、资源禀赋、市场需求、非遗文化特色，精准施策，推动同山烧特色乡村产业蓬勃发展。进一步升级同山烧全产业链建设，推动种植、生产、加工、储藏、销售、服务各环节深度融合。推进主体融合，引导酒企和酿酒作坊与村集体、农民合作社在全产业链各环节紧密合作；优化生产力布局，健全镇域同山烧产业聚集机制，加强同山烧特色产业集群建设。

（3）走绿色发展之路。以绿色生态发展为指导，坚持"绿水青山就是金山银山"的发展理念，围绕同山烧产业发展，打造生态循环、环境友好、节本增效的生产方式，推动乡村产业绿色可持续发展，作为同山烧产业发展的绿色示范窗口。因地制宜，全域内逐步完善同山烧制酒废水收集处理器，铺设废水收集管道，打赢"蓝天、碧水、净土"保卫战。

2. 厚内涵，优化发展新文章

酒业生产对农业生产、印刷、包装、运输等相关行业起到的强大带动作用，是一种高附加值、高税收的产业。

（1）主动与城镇化相结合，打造特色酒镇。发展同山烧产业必须契合城镇化发展契机，在新型工业化与生态环境保护、城镇空间优化、休闲业态培育和社会公共服务等城镇化统筹协调方面作出努力，全力支持同山烧产业做大做强，壮大经济实体，让产业化服务于城镇化建设，以城镇化拉动产业化提升。同时，通过生态小镇、历史小镇、产业小镇、休闲小镇的"四镇"同创工作，建设一个以酒产业、酒文化、酒休闲和酒交流为核心特色的专业型休闲酒镇，为贫困山区开展城镇化建设提供范本。

（2）顺势与美丽乡村相结合，搭建旅游平台。诸暨作为西施故里和越国故都，是山水形胜的优秀旅游城市，具有很好的旅游认知度和满意度，其酒文化旅游的大环境条件良好。同山烧可以园区和酒镇为核心载体，充分联动区域历史文化、生态旅游产品开发，打造同山烧酒文化园，因地制宜开展美丽乡村建设，充分发掘乡村古建筑、宗祠家谱、名人民俗、田园耕读等乡村文化旅游资源，让消费者在潜移默化中强化酒文化感知体验。

（3）努力与文化产业相结合，促进品牌成长。力争品牌生态化，彰显产地品牌亲和力。在科学研究的基础上，联动原产地品牌创建、水果茶叶生态产业品牌提升、汤江岩户外运动生态旅游品牌打造、浦阳江山水生态廊道空间塑造等丰富而立体的生态品牌体系构建，强化诸暨同山烧的生态品质内涵。力争创意产业化，培育产地品牌生长力。即以产业园区为核心，将生态休闲、文化创意、旅游度假等非典型产业整合进来，形成产业化、休闲化、平台化的空间聚集化效应。将保护传承、科技研发、园区生产、展示销售、会议交流、旅游体验、休闲地产等综合功能融为一体，打造集工业园区、创意园区、休闲镇区、体验景区四区合一的泛酒文化创意产业集群模式。

3. 多维度搭建发展新平台

结合镇域实情，盘活资源要素，将酒业发展与其他经济民生深度融合，全面提升产业链附加值。

（1）激活资源促民业。将同山烧特色产业与现代农业、休闲观光旅游等多种业态资源结合，增加村庄集体经济收入，拓宽农民创业增收渠道，挖掘家门口的商机。深厚"同山情"，加强乡贤回归经济建设，唤醒沉睡资源。引进越庄酒作坊项目，激活闲置农房，打造同山烧非遗古法酿造体验酒庄，集生产、体验、休闲、科普、销售于一体，为村庄创收120余万元。积极谋划打造越庄书屋、越庄酒窖等网红系列打卡点，再度为村庄创收70余万元。借助"醉美同山"全域旅游发展东风，加快民宿经济发展，提供创业舞台。湖山雅苑已然成了布谷湖畔的网红地，年均接待游客近万人次，带动了周边民宿经济发展。以布谷湖田园综合体项目为依托，投资5.9亿元（其中省级财政投入6000万元），夯实农业基础，做强特色产业，优化生态人居环境。投资1500万元打造"六峰·天域"民宿项目，建设黄蜡石博物馆、同山烧古法酿造小作坊体验基地等参观打卡点，以及布谷湖周边中高端新型民宿等。投资450万元推动布谷湖民俗文化体验馆（含高端民宿）建设，可解决当地就业创业100人次以上，实现农民增收约70万元。

（2）金融创新解民愁。疏通经济发展血脉，提升金融对同山烧产业发展的支撑作用。针对酒企流动资金压力大但抵质押物不足导致贷款额度十分有限的"瓶颈"，与诸暨联合村镇银行积极对接，量身打造"原酒贷"专项贷款产品。为浙江同山醉美人酒业有限公司授信100万元，解决了酒企发展的燃眉之急。同时，与诸暨农商银行共建"醉美同山情"文化金融生态示范镇，进一步深化与农商银行的战略合作，用好农商银行各类信贷政策，探索建立镇村银企定期会商机制，实现用情联系、用心对接、用力服务，推出更多类似"原酒贷"的靶向金融产品和服务，有效助推"醉美同山"建设。

（3）紧抓"美丽"提颜值。全力推动"美丽工程"。加快美丽载体建设，优化重点节点环境，投资900余万元完成核心区部分村落、民宿、酒厂、酒作坊等周边环境提升工程。全面提升"美丽内涵"。着眼浙江省同山烧旅游风情小镇建设，完成核心区内同山烧风情大道建设，加快"三碗不过冈""同山赋"等酒文化节点打造，浓厚酒文化氛围。全面唱响"美丽新声"。针对示范区试点项目制订系统的、有针对性的宣传方案，实施"内宣＋外宣"双向驱动。利用各种媒体平台加大对外宣传力度，把同山的特色产业、亮点工作推向市外。承办"醉美同山"生态游系列活动、"醉美同山"——2019 环浙自行车嘉年华首发站、"蓝媒号"助力乡村振兴融媒新闻行动、同山烧封坛节、水果节、同山烧开坛节等系列节会活动，在吸引大量游客、提升知名度的同时，带动农家乐、民宿、农副产品等增收，擦亮"同山烧""布谷湖"两张金名片，促进一二三产业融合发展。

二、思考与建议

同山镇始终坚持农业农村高质量发展和现代化先行理念，通过同山烧产业深度融合集成创新示范建设项目，集成一切力量、创新模式机制，打造一条生产、加工、销售、服务与监管一体化的同山烧产业链，建设白酒核心产区，弥补浙江省在白酒行业的发展空白。预计到 2022 年底，实现同山烧全产业链产值 10 亿元，打造"产业兴旺＋村强民富"集成创新的浙江省乡村振兴示范样板。

1. 展现"产业兴旺＋村强民富"的乡村振兴示范窗口

集成创新同山烧全产业链的利益联结机制：创新原料收购环节"政府＋酒企＋合作社＋农户"利益联结机制，实行订单化生产，预计种植农户亩增收 800～1000 元；创新生产加工环节"酒企＋村集体＋农户"利益联结机制，打造财政资金与村集体经济的共赢机制；创新销售环节

"农合联＋酒业协会＋小作坊＋村集体＋农户"利益联结机制，通过贴牌、定制同山烧等方式，带动700多家制酒散户扩大生产，拓展销售；依托"酒文化＋非遗文化"植入的文旅融合、工旅融合的第三产业发展，推动农户特色农产品销售、农家乐发展。

2. 集成"规模种植＋示范种植"，夯实产业兴旺基础

发展万亩杂交高粱基地，建设种植示范基地5个以上，2000亩以上的核心示范区1个，特种高粱推广服务中心1个，"白藤拐"种植示范基地1个，争取高粱亩产量由500斤提高到700斤。

3. 创新"绿色生态＋三品集成"，提升核心竞争力

通过建设制酒废水收集系统、引进废水处理系统，实现同山镇全镇域制酒废水零排放；严控白酒品质，制定白酒团体标准，建立质检实验室、同山烧监管子平台，实现全域品质检测全覆盖和全程溯源监管；引导、规范同山烧公用品牌LOGO申请、使用，严格市场准入与监管，实现同山烧白酒价值和品牌竞争力双提升。

4. 聚焦生产要素和人才优势，引领产业现代化发展

引进自动化生产线1条，建成高科技生产研究中心1个，生产过程可视化、加工流程自动化管理生产基地1个；建设泥底石窖数据采集统计系统和数字化储存勾调系统，建成同山烧数字化勾调酿造基地1个，数字化发酵窖池160口；按5S标准提升改造持证酒作坊15家，生产能力增加30%，市场销售扩面50%，价格提高50%；1家小作坊提升改造为酒企；加强同山烧产业人才的外引内培，成立同山烧院士工作站1个，引进工程院院士1名，聘请白酒产业权威专家5名作为发展顾问，培养酿酒师100名、品酒师50名、检测师10名。

建德市：草莓小镇三产融合的发展之道

建德市草莓种植起源于20世纪80年代初，距今已有40年历史，是浙江省最早发展草莓种植的县市之一。草莓产业经历了引进草莓露地栽培、大棚设施试种推广以及规模化、产业化发展三个阶段，实现了从露地草莓到大棚草莓、从露地种植品种到丰香再到红颊两次质的跨越，产业由小到大、由弱到强，形成了当前集草莓种植、物资供应、种苗繁育、技术服务、鲜果营销、观光采摘、产品加工等三产融合发展的第三次跨越。草莓产业已成为建德市特色最为鲜明、影响最为广泛、知名度最高、比较效益最好的农业产业，是建德市农业的主导产业、优势产业之一，是具有全国影响力的乡村振兴标杆产业。建德草莓产业保持40年长盛不衰，在品种、技术、模式、产值等方面领跑全国草莓产业。建德草莓本异地种植面积8.21万亩，有莓农2万余人，遍布全国27个省（区、市），并有莓农跨出国门，在乌兹别克斯坦建立了草莓种植基地，是实施"走出去"发展战略最成功的县（市）。"建德草莓"被认定为国家农产品地理标志保护产品，"建德草莓"品牌多次获得浙江省农展会优质农产品金奖、浙江国际农业博览会金奖和"浙江名牌产品"等荣誉，"建德新安江中国草莓节"被评为浙江省优秀农事节庆活动。2020年，建德草莓产业集群营业收入52亿元，农民人均收入3.48万元，比上年增长12.62%，草莓产业是建德农民增收致富的大产业。

一、草莓小镇的发展现状

建德草莓小镇位于杨村桥镇，是建德高铁新区的重要组成部分，规划区域3.33平方公里，核心区块0.93平方公里，按照"集聚、特色、精品"的要求，立足于"主导产业强、生态环境美、农耕文化深、农旅融合紧"的建设目标，重点围绕"一核、二园、三区"（小镇客厅，草莓产业示范园和特色精品产业园，草莓休闲产业区、滨水度假休闲区和健康养生产业区）的现代小镇布局，创建以草莓产业为基础，农旅结合、绿色循环发展、科技引领创新的现代农业园区。草莓小镇成功获评省级农业科技园区，并列入全国农业产业强镇建设名单、浙江省产业创新服务综合体申报名单。

1. 坚持高标创建，打造草莓小镇新形象

（1）有序推进项目建设。草莓小镇自2016年启动建设以来，累计投入1.1亿元，建成500亩高标准连栋大棚草莓基地，5000平方米玻璃温室，空中草莓、智慧农业园、现代化草莓精品基地等示范园区，形成了田园式草莓高效种植核心区。

（2）积极开展"三招三引"。引进杭州绿水青山农业有限公司、杭州建德叶氏兄弟农业发展有限公司等7家企业。成立建德市草莓研究院，组建"院士工作站"。截至2020年底，草莓小镇共入住农业经营主体20个，拥有科技服务团队5支，科技专家18名。

（3）着力强化品牌宣传。将草莓小镇与"建德草莓"区域公共品牌打造相融合，成功举办中国草莓文化旅游节和"建德新安江·中国草莓节"，学习强国App、新华网、《杭州日报》等多家主流媒体进行宣传报道。

2. 突出三产联动，构建产业发展新格局

（1）创新技术，做精一产。探索智慧农业"5I"系统，即智慧销售（intelligent sales）、智慧种植（intelligent planting）、智慧安全（intelligent safe）、智慧采摘（intelligent picking）、智慧游玩（Intelligent play），创新推广先进适用技术10余项（主要科研公关成果有大棚草莓栽培关键技术的科研和推广、红颊育苗技术的科研和推广、草莓重茬土壤消毒技术的科研和推广、草莓基质栽培和育苗模式创新、清洁化栽培技术的科研和示范推广等），建立20余种新品种示范基地（主要品种有红颜、章姬、白雪公主、越心、越秀等）；制定生产技术规程两套，探索出"草莓—瓜果""草莓—玉米"等五种农作制度创新模式，解决草莓下市的淡季问题。新冠肺炎疫情期间，开展"草莓大助销"行动，使草莓产值与往年基本持平。

（2）加大研发，做优二产。引进食品加工生产企业，重点依托中华老字号致中和酒业，研发草莓果酒、红酒和白酒等系列产品，其中"香红草莓酒"年产能可达800吨，年产值约2.4亿元。新冠肺炎疫情期间，积极引导致中和开展不限量公益收购，助力解决草莓滞销难题。

（3）发展旅游，做活三产。以"水果采摘＋休闲旅游"为方向，大力推进全域旅游发展，打造草莓小镇4A级景区。2020年草莓季，虽然受新冠肺炎疫情影响，草莓小镇采摘游仍达6.4万人次，产生经济效益646万元。

3. 推动融合发展，开启乡村振兴新篇章

（1）放大农业优势，打造"标准地"。大力推进优势农业产业"标准地"建设，作为草莓小镇的延伸和补充。规划建设7个"标准地"，总面积2100亩，发展草莓、白梨、白茶等特色农业产业。截至2020年，一期建设

已启动，完成 700 亩土地流转、工程预算、大田平整、路沟渠建设等工作。

（2）精准消薄增收，助推大发展。将草莓等农业产业发展作为消薄增收、乡村振兴的主引擎，制定村集体经济发展"一村一策"。梓源村主动参与草莓小镇创建，每年为村集体增收 30 余万元。绪塘村盘活村集体资产，完成青坞 60 亩区块农业招商、草莓产业创业园建设，每年收益 50 万元。2019 年，全镇农民人均纯收入 3.09 万元，同比增长 11%。

二、发展目标

草莓小镇的发展目标，具体来说就是要实现四个"全国之最"。

1. 种植技术全国最先进

通过引进农业技术型企业、与专业科研院所合作等方式，邀请技术专家开展技术研究和指导。充分利用建德草莓研究院被认定为杭州市院士工作站，以及杭州市科学技术协会在杨村桥镇开展"三服务"活动的有利条件，加快新技术、新设施、新装备的研发力度，让全国先进的草莓种植技术汇聚草莓小镇。争取到 2021 年底，草莓小镇的草莓种植技术跻身全国领先水平，进一步实现全国之最，使草莓小镇成为莓农可学、可看、可交流、可推广的草莓种植技术平台。

2. 草莓品种全国最丰富

目前，草莓小镇共有 20 余个草莓品种，其中，红姬草莓专业合作社种植的"越心"，获得 2018 年全国精品草莓擂台赛最高奖——长城杯。中国自行培育和从国外引进的新品种有 300 余个，我们的目标是高标准建立草莓新品种示范基地，引进并研发尽可能多的草莓品种，尤其是优新品种，结合世界草莓园的建设经验，实现草莓品种全国最丰富。利用不同草莓品种的不同生长期，不断拉长草莓展示周期，提升草莓的可观赏性。

3. 采摘游体验全国最佳

针对草莓小镇采摘游元素较为单一，"采摘"为主、"游"不足的现状，从草莓生长周期、采摘环境、配套设施、管理服务等各个方面着手，打造独特的采摘游体验，不断增加采摘乐趣、丰富体验内涵，使游客可摘可品、可赏可游、可吃可住。计划到2021年底，建成一个示范性采摘点，推出一条特色采摘游体验线路，使游客能在草莓小镇感受到最佳的采摘体验，把游客留下来，把草莓小镇宣传出去。

4. 草莓产业链全国最齐全

在草莓种植现代化、智慧化、多样化的基础上，尽可能向第二、第三产业发展，拓展产业链和价值链，形成"草莓＋旅游、健康、科技、创意"的产业体系，打造全国草莓全产业链标杆小镇。加大与草莓深加工企业的合作力度，开发草莓衍生产品。复兴"吃在杨村桥"餐饮业，加快精品民宿、休闲旅游等产业发展。结合知识科普，深挖草莓文化，讲好草莓故事。建设农创中心、游客接待中心等产业配套大楼，集草莓展陈、文化展示、草莓DIY、旅游接待等功能于一体。

三、对策与措施

1. 勇于创新，探索草莓生产销售新模式

结合省级科技示范园建设和国家强镇创建，积极运用科技手段，转变草莓传统生产销售模式，让科技在草莓生产销售中发挥重要作用。例如，利用农业大脑对草莓温度、湿度、肥力等进行自动控制，让莓农解放双手；利用大数据平台，通过网络进行草莓销售，进一步打通草莓销售渠道。

2. 持之以恒，做好草莓产业规划

由政府牵头，专门成立优势农业领导小组，负责优势农业产业的领导和指导，抓好优势农业产业的发展及规划，保障组织力量，针对当前制约草莓产业发展的"瓶颈"，进一步调整优化扶持政策，引导、支持、推动产业可持续发展。财政资金重点要用于扶持解决一家一户不能解决，企业又不愿解决的诸如品牌建设、市场拓展、新品种选育、技术难题破解等重大问题，为产业可持续发展提供技术储备和支撑。

3. 搭建平台，招大引强

依托建德农业资源优势，聚集资源要素，健全利益联结机制，积极引进和建设一批基础条件好、主导产业突出、带动效果显著的农业龙头企业或合作社等，推进政策集成、要素集聚、功能集合的产业平台搭建。通过强化土地指标的保障，整合各类资源，创建区域品牌，特别是通过基础设施建设、平台搭建为村集体消薄增收开辟新的出路。

4. 推动农旅结合

以草莓产业为平台，通过草莓小镇建设、清洁化栽培和区域公用品牌打造，实现由传统的单一草莓生产向生产旅游相结合转变，实现草莓种植与文化、与休闲采摘体验、与延伸品加工等有机融合，推进乡村旅游发展。

第三篇
农业发展与共同富裕

缙云县：精准扶持"五彩农业"的富民之路

乡村振兴的痛点是产业振兴，难点是农民增收，而以产业振兴助力农民增收，实现共同富裕，是乡村振兴的有效途径。近年来，缙云县财政统筹有限财力，突出契合生态优势的产业发展定位，优化生产要素布局，充分激发农村发展活力，大力发展有代表性、有故乡情、有乡土味、有独特性、有价值链的"黄（烧饼、黄茶）、白（茭白、爽面）、红（杨梅）、黑（梅干菜）、灰（麻鸭）"的"五彩乡愁"富民产业，以财政资金的投入增添农业产业发展动能、撬动经济效益，加快实现"生态美、百姓富"，推动农民增收持续领跑全省。让更多的农民先富起来，从而更快实现共同富裕，为后发地区实施乡村振兴战略和县域经济发展提供了有力探索。2020 年，缙云县实现烧饼产值 24 亿元、黄茶产值 0.945 亿元、茭白产值 4.5 亿元、爽面产值 2.2 亿元、菜干产值 0.6 亿元、杨梅产值 1.3 亿元，缙云麻鸭通过"电商"上市，产品溢价率增长 30% 以上，平均 1 元财政资金拉动 134.18 元的产业链产值。2020 年，缙云县实现农村常住居民人均可支配收入 23466 元，同比增长 9.2%，增速排名丽水市第一、浙江省第一。

一、主要做法

1. 为核心区发展"赋权"，强化辐射带动

长期以来，受交通环境、地理条件等因素限制，缙云南区块整体发

展较慢，2018年，缙云县将南区块的发展门户舒洪镇作为浙江省农村综合改革集成示范区试点建设核心区，项目总投资2.5亿元（其中省财政补助6000万元）。缙云财政通过配套项目建设资金、增加财政转移支付、引导社会资本投入等方式，赋予舒洪镇更多的"财权"打造"麦香小镇"，推进生态产品规范化、品牌化建设，实现经济和文化效益相辅相成。

（1）深耕富民产业。以建设农村综合改革集成示范区为契机，坚持种植规范化、加工精细化、产业集约化和质量标准化，深度开发缙云爽面、南乡馒头、仁岸杨梅等"乡愁富民产业"。产业辐射范围达3镇5乡305村581平方公里（占县域面积的1/3以上），约可带动周边5000余户低收入农户就地就业。

（2）深挖文化底蕴。做强"麦香文化"特色，开展"麦香文化"特色镇提升工程，培育"908小麦"示范基地1500余亩，每年举办"仁岸杨梅节""爽面节""馒头节"等节庆活动，通过"节庆搭台、产业唱戏"，深度拓展农旅融合产业，促进农民增收和产业发展。

2. 为品牌提质"赋能"，做大产业价值

（1）资金赋能。建立健全财政支农稳定增长机制和金融资本多元化支农机制，率先在浙江省制定实施2.0版乡愁产业富民增收意见，"五彩"农业年扶持资金提升到2500万元。针对县级财力薄弱的现状，缙云县统筹整合投向相似但分散于各个部门的资金，解决"先切块再分散用"的问题，向优势产业及品牌建设倾斜，制定《缙云县乡愁产业富民增收工作实施细则》等专项政策，创新建立"业长制"，设立"烧饼办""爽面办"等机构，实行"一办管一业"，保姆式帮扶产业发展，有效引领产业经营规范化、工艺标准化、主题组织化、产品品牌化建设。

（2）数字赋能。坚持改革创新第一动力，推进省级数字乡村示范县建设，打造数字乡村"一张图"（集成基础资源一张图、产业主体一张

图、特色小吃一张图等），实现与省市涉农数据的互联互通，形成全方位管理的"智慧三农"数字地图。同时，在浙江省率先探索建立精准扶贫大数据系统，形成低收入农户"幸福清单"和"小康码"，实现产业扶贫等各项帮扶举措精准"进村入户"。

（3）平台赋能。鼓励特色农产品入驻"省农博会""政采云"等平台，推动更多农产品注册地域商标，打上缙云烙印。创立"有缙道"农产品区域公用品牌，累计创建国家地理标志农产品4个（数量居浙江省首位），建立"一月一品""一月一果""一月一小吃"农产品宣传推广机制，推进"百名村播达人培育计划"，培育农村主播1000多人。深化与上海、杭州的"山海协作"，推动精品农产品、特色小吃进闵行、进杭州，加快融入长三角高质量一体化发展。

3. 为产业延伸"赋智"，增强发展后劲

针对不同类型的农业产业，引入第三方咨询机构，聚焦上、中、下游产业发展链条，因产施策，开展特色强链、要素补链，制定产业提升实施方案，精准测算财政投入产出比、产业发展带动率和延伸辐射作用，在财政资金的撬动与引领下，"五彩"农业成为农业产业全链条发展的稳定器、推进器，"吃干榨净"产业链条的发展路径逐渐清晰。

（1）拓展烧饼产业链。缙云烧饼涉及菜干、烧饼桶、炉芯、养猪、原辅料供应等产业，打造上游原材料种植（缙云梅干菜）、中游制造工艺研发（缙云烧饼师傅培训，烧饼炉、面粉制造）和下游终端实体店（缙云烧饼专卖店）的缙云烧饼产业链条，实现了一二三产业有机融合。缙云烧饼产业逐步实现从产品输出向工艺、原料和人才输出的跨越。2014~2020年，缙云县累计卖出木制烧饼桶3万余只，实现产值约3100万元。截至2020年底，全县累计培训烧饼师傅10757人，在全国开设示范店581家，草根摊点7000余家，并走出国门，在美国、意大利、西班牙等

16个国家开设示范店。

（2）打开杨梅销售链。通过举办"杨梅节"，打开仁岸杨梅的产量、销售渠道和价值延伸链条，以网上发售、直播评选、实地采摘等方式代替以往的线下销售，破解杨梅不易储存、运输等限制。部分农户还通过抖音等视频软件进行直播，成为"乡村网红"。同时，深入挖掘"江南谣"杨梅酒等杨梅深加工产业，解决了梯次杨梅销路问题，又吸纳低收入农户就业，实现足不出户致富增收。

（3）拉长土面产业链。打造麦香文化特色街和土面节，推进"908小麦"基地建设，农户成为优质原料供应商。建立土面专业合作社，建立土面博物馆，扩大土面师傅讲解员队伍，打响缙云土面、南乡馒头等民间小吃知名度。

（4）延伸茭白产业链。转变传统单一的经营模式，开发茭白农副系列新产品，如茭白软包装、即食食品加工、茭白叶编织工艺品等。推广茭白—鸭、茭白—芥菜、茭白—生姜、茭白—芋等的轮作、套养模式，既丰富茭田产品产出又减轻面源污染；推广以茭白叶为基质培养大球盖菇、茭白叶青贮喂饲湖羊、茭白叶堆腐制作有机肥等多样化利用技术，提高废弃物利用率，增加生态效应；推进茭白贮藏冷库建设，年贮藏保鲜产值达9200万元，基本实现周年供应。

4. 为内生动力"赋势"，加速生态价值转化

把握"生态经济化、经济生态化"的发展内涵，充分发挥财政资金引领作用，"用实用尽"上级扶持政策，填补产业发展短板，积蓄乡村发展势能。

（1）"造血式"扶持。坚持"授人以鱼，不如授人以渔"原则，出台缙云县低收入农户"菜单式"产业扶持项目补助标准政策，降低补助门槛，如茶类、药材类、粮食类等产业项目种植面积0.5亩以上就可获得

补助，同时对生产加工设备类和来料加工、经营类以及基础配套设施进行扶持，有效带动低收入农户通过发展产业实现增收。

（2）"菜单式"扶持。重点培育好基于绿水青山生态优势的内生性产业，构建一条横跨"生态一二三产"的生态产品价值转换通道，将生态优势转化为发展优势。大力鼓励低收入农户因户制宜发展农业产业，形成政府"备菜"，低收入农户自助"点菜"的"菜单式"产业扶贫模式。设立授信额度20亿元的乡愁产业贷，推动乡愁资源产品化、市场化，确保农民从政策、资金、技术各方面得到实实在在的帮助。

（3）"精细化"扶持。设置风险小、操作性强、有针对性的短、平、快产业项目清单，明确对茶类、养殖类、药材类、水果干类等十大类近70个产业项目的补助标准和内容。2020年，缙云县共扶持低收入农户产业发展项目3638个，惠及低收入农户2410人，落实项目扶持资金390.37万元。

5. 为农民就业"赋技"，培育能工巧匠

（1）技能培训助力农民掌握"吃饭手艺"。家有良田万顷，不如薄技在身，给足农民"致富的本钱"，全额补贴农村学员技能培训学费，消除农民"学一技傍身"的前忧，培育了一批"烧饼师傅""土面师傅""茭白师傅"等农村工匠。搭建竞技平台，开展技能比武，通过开展"烧饼节""杨梅节"等活动，为广大农民创业者、就业者提供"竞技"平台，营造产业发展的良好氛围。

（2）因材施教，助推农民变身产业工人。结合产业发展链条和基础，拓宽农民就业渠道，如"土面师傅"培训合格后可选择自主经营制造缙云土面或者进入土面合作社、扶贫互助社等工作，打破农民创富增收的"天花板"和职业限制，鼓励农民在相对稳定的劳动收入中勤劳致富。持续推进"新农人素质大提升"行动，涌现了一批产业领军人才，如烧饼

大师赵一均,一个桶一年可产出150万元,入选丽水市拔尖人才;"女荽白大王"李春萌获评全国脱贫攻坚先进个人、攻坚之星。

(3)优化营商环境,吸引人才回归。营造良好的创业创新环境,制定更加优惠的就业创业、高层次人才、财税等优惠政策,相继出台《中共缙云县委关于培育发展乡贤组织 推进乡贤统战工作的若干意见》《缙云县关于进一步加快引进和培育高层次人才的若干意见》《缙云县拔尖人才选拔管理办法》《中共缙云县委 缙云县人民政府关于支持浙商(缙商)创业创新 促进缙云发展的实施意见》等一系列政策,统筹推动智力回乡、资金回流、项目回归,共吸引乡贤3000多人、各类能人100余人、农创客40人,大力引领和助力乡村振兴,全方位助推农民增收。

二、思考和体会

1. 立足优势,坚持绿色发展战略

生态是最大资本,发展是最先要求,产业是最优途径,缙云县始终坚定生态优先、绿色发展的核心战略定力,立足产业根基、突出特色亮点、遵循多元化发展,建立了从"项目筛选—财政扶持—改造提升—打造链条—复制推广"的产业发展长效机制,助推"五彩"农业产业长远发展。

2. 持续发展,注重产业链的培育和延伸

缙云县深刻把握"生态经济化、经济生态化"的发展内涵,充分发挥财政资金引领作用,重点培育好基于绿水青山生态优势的内生性产业。坚持"精准、发展、绩效"三个导向,助推打造"运转活、见效快、复制易"的产业致富链,因产施策,开展强链、补链,形成产、制、销"一条龙",实现增收可持续。

3. 跨山统筹，打通"两山"转化通道

优化提升基层社会治理，改善基础设施建设，促进更多城市资源流向农村，实现城乡之间、区域之间的协调发展，构建横跨"生态一二三产"的生态产品价值转换通道，实现生态价值加速转化和放大，强力打造核心示范区，以此为基带动周边低收入农户就地就业。

4. 质量至上，坚持产业发展标准化管控

（1）产品质量标准化。一方面，支持开展农业种养培训，提高农户种植梅干菜、杨梅、茭白等的科学性、规范性。例如，缙云烧饼所用的梅干菜，粗细精确到毫米，符合标准的梅干菜由合作社统一收购，使昔日房前屋后草，转眼变身"摇钱树"。另一方面，支持开展农产品标准制定，对标欧盟标准严控肥药，建立完善农产品溯源追踪制度，推动更多的缙云农产品进入"丽水山耕"产品体系。

（2）品牌推广标准化。按照国际化、标准化、特色化标准推动地方产业发展。例如，缙云烧饼品牌示范店实行统一商标、统一门店和统一推广，符合推广标准的可以获得财政专项补助。此外，积极整合各方资源，开展"缙云烧饼文化节"活动，鼓励特色农产品入驻省农博会、"政采云"等平台，推动更多农产品注册地域商标，打上缙云烙印。

景宁县：打造共建共享的"景宁600"区域公共品牌

近年来，景宁县积极创新产业扶贫模式，立足"70%的耕地和60%以上的村庄，以及基本上少数民族村都位于海拔600米以上，受制于生产生活条件，农民的收入相对较低"的区域发展现状，针对景宁农业主体规模小、市场化水平低，企业自主品牌缺乏、生态价值的转换率不高等问题，以600米这一亚热带地区冬季雪线地理分界线、畲乡特色人文地理分界线为界，探索打造"景宁600"区域公共品牌，为全县海拔600米以上的高山生态精品农产品搭建共建共享的品牌扶贫平台，全面推动"海拔经济"发展和小农户的增收步伐。截至2020年底，已累计建成"景宁600"生态基地11.7万亩，发展加盟企业60余家，累计实现销售额21.24亿元，平均溢价率超30%。2020年农村居民人均可支配收入增幅达8.2%，城乡居民收入比缩小至1.92：1。2020年"景宁600平台促农增收"入选浙江省精准扶贫十大案例。

一、主要做法

景宁县是典型的山区县，自然条件差，但生态优势明显，发展的最大竞争力是生态。景宁县立足山区县的实际，以打造"景宁600"品牌为抓手，把生态优势转化为经济优势，推进了经济发展和农民增收致富。

1. 构建有特色的"景宁600"产品体系

（1）明晰产品目录。按照"一乡一品、一村一业"的布局，实施惠明茶产业提质增效、食用菌转型升级、高山菜篮子培育、"畲五味"培育、"高水水干果"振兴、高山生态畜牧业培育和稻鱼共生扩面提质七个行动计划，不断丰富农产品体系，截至2020年已开发出"景宁600"系列农产品七大类105款。

（2）健全品牌准入机制。对标欧盟标准，建立了严格的"景宁600"加盟企业准入制度，强化对加盟企业农产品抽查、检测等制度，完善"一证一码"产品追溯体系，推广"一品一策"管控技术，让"景宁600"品牌成为安全优质的代名词。截至2020年，全县已有"景宁600"加盟企业52家。

（3）创新"互利共生"的循环农业种养模式。景宁县通过政策引导和技术扶持，积极推广茶园养羊、稻田养鱼、茭田养鸭、林下种药等系列共生经济模式，提升单位亩产，增强生态转化价值。截至2020年，已建成"景宁600"生态产品价值转化典型示范基地8个，一般示范基地15个。

2. 构建更完善的"景宁600"经营体系

（1）推动"三位一体"农合联改革。根据生产合作、供销合作和信用合作的"三位一体"农合联改革框架，景宁县深入推进农村经营制度改革。在生产合作上，按照一个产业建立一个产业农合联，并按"一位首席专家、一个培训平台、一批土专家、一套技术规范、一批合作社（家庭农场）、链接一批小农户"的"六个一"模式进行生产合作，目前已经实现重点产业农合联全覆盖。在供销合作上，通过组建营销联盟、把销售平台建在龙头企业上、打造山海协作"飞柜""飞网"销售新模式等方式抢滩农产品高端消费市场，使"景宁600"的市场知名度和美誉度持续提高。在信用合作上，倡导"一个农合联一家合作银行"，通过信用等级评定、直接授信到户、设立转贷资金、建立担保平台等方式进行金融合作，加快农村金融市场培育，以金融杠杆撬动现代农业加快发展，不断加大对低收入农户产业的帮扶力度。

（2）创新利益联结机制。2020年以来，景宁县创新实施低收入农户创业联盟行动，通过政府牵头，把有劳动能力的低收入农户组织起来，与"景宁600"加盟企业建立订单农业、特色农产品销售等合作关系，改变以往单纯采用直补的"输血"模式，不断激发低收入群众自我发展的内生动力，累计带动1528户低收入农户实现户均增收3000元以上。相关做法入选浙江省精准扶贫十大案例。

（3）打造抱团发展的营销联盟。景宁县组织县内农业龙头企业、示范性合作社、种养大户和销售主体组建"景宁600"生态精品农产品营销联盟。一方面鼓励加盟企业引导小农户开展古法有机耕作，大幅度提高"景宁600"产品品质，为"景宁600"产品溢价销售打下基础；另一方面支持加盟主体带动同产业小微主体、小农户的产品销售，通过制定统一的生产、加工标准，符合要求的产品可入驻联盟进行销售，从而做到产品品质和价格的稳定，保证小农户的稳定收入。通过共创共享的模式，让每个有劳动力的贫困户都能链接在现代化农业的产业链上，截至2020年，"景宁600"的加盟企业带动低收入农户3000多人。

3. 构建更完整的"景宁600"营销体系

（1）深挖品牌内涵。倡导"品牌＝品质＋信用＋标准＋时间"的新理念，构建"丽水山耕＋景宁600＋X"的母子品牌体系，用品牌化引领市场化和现代化，倡导"一个龙头企业打造一个品牌、一个行业包装一个品牌"的品牌共建共享模式。经过持续努力，"景宁600"旗下的知名子品牌已经达到24个。如"畲森山"已与景宁近5000户农民建立合作关系，通过提供种子种苗、技术培训、定价收购等方式支持农民发展"景宁600"产业，为公司2000余名高端客户提供高山蔬菜，长期带动低收入农户增收。

（2）深化山海协作模式。景宁县紧抓山海协作重大战略机遇，与温岭、上虞、海盐、宁海开展深度合作，形成"五县联盟"的山海协作新格局，累计建成"景宁600+飞柜"8个，2020年销售额突破3800万元。同时积极融入长三角共享一体化发展成果，不断深化与上海静安区的战略合作，开设上海惠明茶品牌旗舰店，设立"景宁600"专柜，开展系列推广、推介活动，累计推动"景宁600"进上海校园、进社区活动十余场次，深度挖掘长三角地区优质客源，抢滩沿海地区生态农产品高端消费市场。

（3）推进新零售发展。打通农产品销售"最后一公里"。景宁县通过打造"景宁600"展示展销中心，帮助农户打通网上销售渠道，实现线上线下同步融合销售，让农产品"走出去""卖得好"，带动低收入农户增收致富，助力脱贫攻坚。同时，打造"景宁600"网红主播孵化空间，培养了一批本土的直播人才，助力"景宁600"发展。

4. 构建更全面的"景宁600"服务体系

（1）实施政策"滴灌式"支持。景宁县改变把产业扶持资金补助在基础设施和种植上的低效做法，按照"打造全产业链"和"一个产业一项政策"的要求，对培育对象进行全过程和全生命周期服务，努力做到培育产业"做一个成一个"。制定出台了《乡村振兴·"景宁600"产业富民工程三年行动计划》，通过优化产业扶持政策、实施农民增收项目和建立小农户创业奖励机制，降低投产门槛，鼓励小农户主动融入现代农业。如通过调整扶持政策标准，鼓励引导小农户投身"景宁600"产品生产，培育了"景宁惠明600""畲五味"等拳头产品，加快发展生态共生农业和康养农业。

（2）建立金融"杠杆式"帮扶。景宁县深化农村扶贫金融改革，通过"政府贴息、银行贷款、保险投保"的"政银保"普惠型金融"造血"模式，为低收入群众发展"景宁600"产业提供低利率小额贴息信贷。截至2020年，"政银保"共发放贴息贷款14140笔，贷款总额7.4亿元，受益低收入农户上万户次，壮大村集体经济67个。有效增强低收入农户"景宁600"产业发展能力，补齐增收致富短板。同时，积极出台相关政策，逐步向全县推广实施林权、农房、土地流转经营权"三权"抵押贷款工程，有效拓宽了"三农"融资渠道，助推产业发展，提高农民收入。

（3）探索服务"数字化"集成。景宁县围绕"服务'三农'窗口、要素整合平台、农合联改革阵地"的总体定位，建设"景宁600"综合服务中心，集合科技服务、金融支撑、营销展示、政策落地、服务主体、电商孵化六大功能，建设成为"三农"领域"最多跑一次"的示范点。同时推动种养基地数字化改造，以数字化推进农产品流通现代化，开展直播卖货、线上直接配送等模式，2020年全年农产品网络零售额达1亿元。

二、体会与思考

景宁县以"景宁600"区域公共品牌为引领，打造共建共享的品牌扶贫平台，引领地方经济发展，实现了经济发展和农民增收的共赢，这对经济相对落后地区的发展具有很好的启示和借鉴意义。

1. 扶贫开发要有平台化的思维

分散的小农户资金有限、技能有限、获取的市场信息有限，竞争力弱、抗风险能力差，且由于信息不对称，在市场决策上还存在盲目性与滞后性。通过平台化的手段，将小农户团结起来非常重要。例如，景宁县通过打造创业联盟增收服务平台为低收入农户提供政策、资金、技术的支持，提供销售、市场信息等服务，依托"景宁600"区域公共品牌，构建起小农户抱团共创大市场的平台，增加农产品的竞争、溢价能力，从而实现持续高水平增收。

2. 扶贫开发要有针对性的政策

"精准扶贫、精准脱贫"，关键要做到对症下药、精准滴灌，不搞大而化之的大水漫灌，在低收入农户的有效增收上，要有针对性地实施扶持之策。低收入农户创业联盟帮扶行动通过创新扶持方式，结合每户低收入农户家庭的实际情况，因户、因地开展富有针对性的订单式产业帮扶，有效激发低收入农户创业发展的热情，可以帮助其更好地落实产业扶贫政策。

3. 扶贫开发要有可持续的模式

以往的许多扶贫政策往往是一鼓了之，而低收入农户个体应对自然环境变化、市场变化风险的能力较低，一旦市场行情或收成不好，就会造成大面积亏损，从而无法稳定持续"造血"。低收入农户创业联盟帮扶行动不仅仅是为低收入农户提供短期的产业帮扶，而且通过帮助低收入农户有效解决从生产到销售全过程的难题，调动低收入农户积极性，持续不断地进行产业发展，并适当扩大规模，从而进行持续不断的"造血"增收，逐步实现高水平全面小康。

浦江县：葡萄种植让村民走向共同富裕

浦江县位于浙江省中部，属亚热带季风气候，四季分明，气温适中，雨水充沛，位于北纬29度黄金纬度带，光照充足，昼夜温差大，适宜葡萄生长；中部为浦阳盆地，属钱塘江水系，浦阳江自西向东横贯浦江县，县内已建成水库61座，水源充足，灌溉条件好。浦江种植葡萄历史悠久，早在明嘉靖年间就有葡萄种植记载。在现代，自1985年浦江引进"巨峰"葡萄以来，浦江的葡萄产业就迅速发展，荣获"中国巨峰葡萄之乡"的称号，"浦江葡萄"获得国家地理标志登记保护。三十多年来，葡农的栽培摸索和新技术推广使浦江葡萄产业形成以巨峰葡萄为主，辅以夏黑、阳光玫瑰等30多个优质葡萄品种的生产模式，如今已发展成为浦江农业的第一大产业。截至2021年5月10日，全县登记在册的葡萄专业合作社129家、家庭农场517家、种植户1万多户，2020年浦江葡萄产业产量约12.79万斤，产值11.43亿元。在2017年建立首个出口基地后，出口市场已延伸至新加坡、韩国、马来西亚、迪拜等地，同时，线上平台的销售额从2015年的160多万元，快速增长至2020年的1500多万元。黄宅镇是浦江县葡萄的最主要产区，该镇的前陈村采用"公司+农户"的形式，不断扩大种植规模，仅此一项，每年便能为农民增收1500万元。2019年，浦江县黄宅镇（葡萄）入选第九批全国"一村一品"示范村镇名单。葡萄种植面积覆盖了黄宅镇95%以上的村，葡萄种植面积达2万余亩，占浦江县葡萄种植面积的39.2%；年产优质葡萄3.6万吨，占全县产量的41%；产值4亿元，占全县产值的45.7%。葡萄产业已经成为黄宅镇镇域发展的新引擎和农民致富奔小康的推动器，被誉为"江南吐鲁番"。

一、葡萄产业迅速发展的主要做法

1. 诚信经营，生产可追溯

浦江县深入贯彻由中宣部等七部门印发的《关于进一步加强家庭家教家风建设的实施意见》精神，将好家风建设与基层治理有机结合。横山村将"诚信经营"纳入农户"家风指数"考核体系，规定按照农产品进出口标准，合理使用农药、化肥等化学品，有不诚信行为的将扣除相应的"家风指数"，并在公开栏进行全村公示。同时，浦江县政府也大力支持葡萄的诚信经营与可追溯生产。近几年，县委、县政府投入近2000万元用于推广葡萄产业标准化、设施化、智能化种植技术，稳步推行控产提质和质量追溯系统，助力葡萄产业健康发展。按照"产销可记录、流向可跟踪、信息可查询、责任可追究"的要求，浦江县在浙江省内率先建立覆盖县、乡、生产主体的农产品质量安全追溯系统，该系统可帮助葡农进行农事生产信息化管理，简单操作即可建立安全农产品档案，实现环境监测、质量检测、流通销售等多环节监控，让消费者买得放心、吃得安心。截至2021年8月8日，浦江县已有208家葡萄专业合作社和家庭农场加入追溯系统，既让葡农们省心，又让消费者安心。

2. 控产提质，数字赋能

浦江县葡萄种植面积广阔，葡萄种类多、产量高，但是葡萄质量参差不齐，以亩产论英雄的种植观念已经不再符合现在浦江县葡萄大面积种植的现状。要将葡萄产业这一支柱产业做强做大，必须走精品化、标准化道路。如果片面追求葡萄亩产量，就可能导致葡萄质量下降，出现"丰产不丰收"的现象。而控产提质更能有效提高葡萄种植的抗风险和抗病能力，减少大小年现象，有利于促进葡萄提早成熟，避开葡萄成熟高峰，减小销售压力。"中国最美葡萄园"之一的浦江靓松葡萄园在开始精品化种植道路后产值提高，越来越多的葡农开始走精品化生产道路。在浦江葡萄产业中，多层次的发展业态日趋形成，多渠道的销售模式年年拓展，优质化的服务队伍不断扩充。除此之外，一些农户采用"订单化"供货模式，根据收购方下单的固定串型、串重、亩产等进行精细化种植管理，产出的葡萄由收购方按高于市场的协议价统一收购，实现产销一体化，带动葡农"控产提质增效"，推进浦江葡萄精品化，更好地抢占葡萄高端市场。

打造"超级农场"是浦江葡萄与数字时代接轨的一次重要尝试，岩头镇的十里阳光农场是首个利用大数据、区块链、人工智能、数字孪生等先进技术，将葡萄园打造成360度全流程数字化管理基地的农场。将图像识别等人工智能作为核心技术，通过"农事AI专家"，实现通风、保温、补光、消毒杀菌、灌溉施肥等智能化控制，节约综合人工90%以上；自动识别农事操作，降低失误率达90%。从而对浦江葡萄产、供、销全环节的生产经营与监管实现数字赋能。2020年2月，浦江县政府成立了葡萄产业高质量发展领导小组，在县农业农村局设立了"葡萄办"（浦江县政府高品质葡萄发展办公室）。为进一步做好葡萄产业"机器换人"示范创建工作，县政府设立了由分管副县长任组长的浦江县葡萄产业"机器换人"示范县创建工作领导小组，建立政府牵头、多方协作、共同推进的葡萄产业"机器换人"示范县成功创建工作机制。

3. 提高知名度，建设产业体系

为了扩大浦江葡萄的知名度，浦江县政府全力支持葡农参与各种活动塑造浦江葡萄优质精品水果形象，从参加浙江省精品果蔬展销会，到进军上海、广州、南京、长沙、沈阳等10个城市进行宣传推介，进一步提升了浦江葡萄的市场影响力。通过洽谈品鉴、质量承诺和签约合作，销售市场从单一的批发市场逐步向超市、商场和精品生鲜连锁供应商进军，以优秀的品质吸引回头客，成功与百果园、鲜丰等10余家知名连锁水果销售公司签订长期供货协议。大畈乡打造葡萄风情农场，一系列农俗文化活动的开展吸引了大量游客来到浦江感受乡村的自然气息，体验别具一格的农家风情；横山村利用大规模的葡萄种植面积和优美的自然环境开拓乡村旅游项目，开展关于葡萄的一系列旅游活动，提高葡萄产业综合效益。政府也大力支持浦江葡萄参与各种评选活动，并且在县内也主办或承办了许多关于葡萄的活动。

浦江县政府创新助力葡萄产业发展模式，率先在全县试点推广"三农三员三服务"活动，为每一位葡萄种植户配备"三员"，即技术指导员、销售联络员、民生服务员。技术指导员由浦江葡萄协会理事和经验丰富的种植户担任，葡萄经纪人则任销售联络员，各村党员干部任民生服务员，集合各方力量为种植户提供技术指导和新品种推广，协助种植户联系咨询气象、保险、金融及设施设备的购买安装等服务，研究解决技术、销售、农资购买等葡农需求强烈的实际问题。目前，"三农三员三服务"已覆盖全县1万多户葡萄种植户。

4. 引进来，走出去

浦江县重视葡萄种植品种多样性发展，在以巨峰葡萄为主的基础上，近年来引进了阳光玫瑰、天工墨玉、夏黑、美人指、醉金香、甜蜜蓝宝石等30余个品种，丰富了花色品种，延长了供应期。作为葡萄发展示范村庄的横山村注重合作互助，村"两委"坚持将"走出去"和"引进来"相结合，组织村葡萄协会成员前往金华、温岭等地考察取经，邀请专家来浦江给本村葡农现场授课。创办"知心黑板报",按时令节气及时出刊农事建议和须知,便于葡农遵照执行,截至 2020 年 11 月,共出刊 600 多期。

浦江县葡萄产业在做好"引进来"的同时,也不忘加快"走出去"的步伐。为了使浦江葡萄更顺利地"走出去",县政府和县邮政公司合作建成葡萄专业物流中心,采用"政府+企业+基地"的产业化新模式,引进智能化物流设施,应用先进物流管理系统,为浦江葡萄网上销售定制统一包装,打造全程冷链、点对点配送等服务,打通葡萄线上销售渠道,并且开通了浙江省各县区与上海、苏州等地 12 小时送达的直通冷链车,北京、广州、深圳等地 24 小时送达,不仅提升了物流效率,还极大地降低了物流成本。同时,开发"浦江农歌"网上销售平台,浦江县所有葡农的销售、邮寄问题都可以在平台上解决。浦江葡萄除了在国内做到走出浦江县,还在努力进军国际市场。2017 年浦江建立了浙江省首个葡萄出口基地,以优异的品质成功打入新加坡市场;2018 年进军韩国、马来西亚、中国香港等地;2019 年与金华海关签订《关于联合实施浦江全域农产品出口战略合作备忘录》,打开迪拜市场,使浦江葡萄率先走向国际市场。

二、启示与思考

1. 产品的品质是满足消费需求的基础

生产决定消费,消费对生产也起着重要的反作用,消费是生产的目的,因此消费所形成的新的需要对生产的调整和升级起着重要的导向作用。为了满足消费者的需求,越来越多的葡农摒弃了原先只追求葡萄产量的生产方式,转而控产提质,为消费者提供体验感更好的葡萄产品,并探索建立葡萄深加工技术,提高消费者的消费体验感。消费者需要有食品安全的保障,因此葡农诚信经营,建立葡萄质量安全追溯系统,保证购买者吃得安心,才会有更多回头客。除此之外,"订单式"种植管理模式根据消费者的特定要求定制专属葡萄,不仅提高了消费者的消费体验感,还使葡农可以有目标地生产,控产提质增效,更快更好地占据葡萄高端市场。

2. 品牌是扩大影响力的关键

生产环节之后的一个重要环节就是交换,交换是连接生产和消费的重要环节,成功的交换可以激励生产,为再生产提供重要条件。为了更高效、更顺利地进行交换,除了要做好产品本身,还要用合理的方式宣传,塑造品牌形象。浦江县政府积极组织浦江葡萄参与各种线上线下活动,增加浦江县葡萄产品曝光率,在更加广阔的舞台上展现自己的实力,有利于帮助浦江葡萄产业塑造形象,开拓葡萄销售面,走向国际舞台。品牌是记忆,品牌是信任,再生产过程中的环节是环环相扣的,因此生产环节的诚信经营就变得十分重要。在塑造品牌的过程中,有几个关键要素——产品和供应链的塑造、品牌的运营和销售渠道都十分重要。浦江葡萄作为一个公共品牌,更加需要形象设计与宣传,战略评价与形象维护;浦江县制定了公共品牌准用制度和使用规范,引导、监督区域内的企业和农民合法合理使用,维护品牌形象。浦江县的农产品品牌运营公司会对农产品品牌进行及时有效的战略评价与控制,提高浦江县农产品品牌适应环境变化的能力,确保浦江县农产品品牌在未来的市场竞争中的主动权,持续提高品牌知名度。

3. 数字赋能是提高竞争力的重要保障

与时代接轨是最好的创新,因此在智能时代的开端,作为种植业需要吸收智能时代的成果,为我所用。浦江县正在推广的"超级农场"管理模式就是智能时代带来的影响,这种创新的种植管理模式利用了智能辅助决策系统——农事 AI 专家,不仅节约了人工成本,还改变了农民看天吃饭的状态,实现了一串串葡萄的智能生长。智能化的利好不仅体现在生产环节,还体现在分配、交换和消费环节。在分配环节,"浦江农歌"网上销售平台解决了葡农销售邮寄问题;在交换环节,有机码生产可追溯,与电商合作,引进智能化物流管理基地和设施,推动葡萄产品"走出去";消费环节的体验感受便是由生产环节来决定的。信息时代,让信息与产品环环相扣,能让葡萄在不一样的时代有更加广阔的市场。

庆元县：把甜桔柚作为助农增收的重要产业来发展

庆元县地处浙江省丽水市西南部，东、南、西三面与福建省寿宁、政和、松溪三县交界，北与浙江省龙泉市、景宁畲族自治县接壤，是一个"九山半水半分田"的山区县。近年来，庆元县立足中国生态环境第一县的自然禀赋，将甜桔柚产业发展作为助农增收的重要手段，在庆元产业扶持政策的引导和市场效益的驱动下，甜桔柚产业得到快速发展。2020年，庆元县甜桔柚种植面积达1.53万亩，产量1.21万吨，产值1.46亿元，成为全国最大的甜桔柚产区，已培育甜桔柚规模生产主体50余家，是山区农村增收致富的重要途径。庆元甜桔柚2002年荣获中国（浙江）柑橘博览会金奖，2006年被评为浙江省森林食品基地，2009年12月获浙江农业吉尼斯柑橘专场擂台赛亚军，2010年被认定为浙江名牌农产品、浙江省名品正牌农产品，2013年被评为中国优质果园，2015年被评为最具影响力浙江农博品牌农产品，2017年被评为全国名特优新农产品，2017年被评为浙江省十佳柑桔，2018年、2019年连续两年荣获中国绿色食品金奖，2003~2018年连续十四届荣获浙江省农业博览会金奖，2004~2006年连续三年荣获中国（温州）特色农业博览会金奖等一系列荣誉称号，"志东牌""鲜润牌""齐圣牌""外婆村牌"等8个基地的甜桔柚产品先后通过中国绿色食品发展中心A级绿色食品认证，"庆元甜桔柚"已具备较高的知名度和良好的美誉度，深受消费者青睐。

一、发展甜桔柚产业的主要做法

1. 编制产业规划，优化甜桔柚产业布局

庆元县委、县政府已将甜桔柚产业确定为农业发展的重点产业，编制《庆元甜桔柚产业五年发展计划（2019—2023）》，重点扶持"沟谷"特色产业带的建设，坚定庆元发展甜桔柚的决心，着力打造"中国甜桔柚第一村"。确保通过五年努力，提升、发展甜桔柚基地 3 万亩，总产量 5 万吨，总产值达 5 亿元。2019 年 9 月，庆元甜桔柚获得中国农产品地理标志登记证书，更为庆元甜桔柚产业的发展插上了腾飞的翅膀。出台《庆元县甜桔柚农产品地理标志使用管理办法》《中华人民共和国农产品地理标志质量控制技术规范——庆元甜桔柚》，严格落实生产规程，提升产量和品质，整合各企业、农民专业合作社自有品牌，统一使用"庆元甜桔柚"地方品牌。在培训和技术推广的过程中，明确告知果农严禁使用"三证"不齐、标签不规范的农药，对膨大剂、着色剂、催熟剂等激素严格按照技术标准规范使用，并每年定期进行抽检工作，真正做到生产监管两手抓。

2. 加大政策扶持，推动甜桔柚产业快速发展

近年来，庆元县委、县政府把加快甜桔柚产业开发作为调整农业结构的重点工作来抓，2012～2018 年在《庆元县绿色农业产业高质量发展扶持政策若干意见》中对水果产业的基础设施提升、产品品牌建设、标准化建设、土地流转等方面的政策作出了具体补助规定。2019 年在此基础上出台了专项产业政策《庆元县人民政府办公室关于印发庆元县甜桔柚产业发展扶持政策五年计划（2019—2023 年）的通知》，首次提出对甜桔柚苗圃、基地种植、土地流转等作出具体补助规定，《庆元县人民政府办公室关于修改庆元县甜桔柚产业发展扶持政策五年计划（2019—2023年）的通知》中又作了修改，具体规定："新建连片10亩以上不满30亩的甜桔柚基地，每亩给予补助800元；新建连片30亩以上不满200亩的甜桔柚基地，每亩给予补助1000元；新建200亩以上的甜桔柚基地，每亩给予补助1200元。"在扶持政策的鼓励下，2018年全县新增甜桔柚面积579亩；2019年农户种植甜桔柚的积极性高涨，2020年申报验收甜桔柚面积达1706亩。

3. 制定地方标准，推进甜桔柚标准化进程

制订《甜桔柚生产技术规程》（DB 33 11/T 28—2020）市级地方标准，《甜桔柚病虫害综合防治》《甜桔柚生产基地建设规范》团体标准。规范从农资管理、病虫防控绿色化、监督监管群众化、产品管理追溯化、产业发展品牌化等六个方面着手促进甜桔柚产业标准发展。标准化工作逐步推进，截至2020年，庆元县已有1家甜桔柚企业通过有机认证（认证面积60亩），12家企业通过绿色食品认证（认证面积3132亩），2家企业通过了GAP（Good Agriculture Practice）体系认证。并在全县开展了标准实施示范与推广工作。但从总体上讲，目前庆元县甜桔柚产业无论是标准的认定还是标准的实施都处在一个初始阶段，生产的标准化、规范化程度整体较低。

4. 积极争取项目，扶持高效生态果园建设

（1）积极与省、市农业部门对接，进一步加大涉农项目支持甜桔柚产业发展力度，集中项目资金向特色优势产业连续投入，有效整合各项财政支农资金，确保甜桔柚重点基地建设有力、有序、有效推进。

（2）继续加强与浙江省农科院的技术合作，庆元甜桔柚避雨栽培、生草栽培等项目顺利推进。

（3）依托省级现代农业项目、生态精品现代农业项目等进一步加大

果园基础设施和配套设施的投入，扶持水果种植大户改善果园基础设施，加快先进技术的应用，开展现代高效栽培示范，发挥项目的示范带动作用。2016~2020年庆元县甜桔柚申报实施重大项目20多个，其中有农业农村部立项的"庆元县竹口镇甜桔柚国家级特色强镇"项目、浙江省农业农村厅立项的"庆元甜桔柚地理标志农产品保护工程"项目、浙江省农业厅技术推广项目"庆元甜桔柚精品化栽培试验与示范"、丽水市水果产业技术创新与推广服务团队项目"山地果园以草防草草种筛选及配套栽培技术示范"等，通过这些项目的实施，已建成规范化示范基地42个，基地面积580亩。

5. 强化科技支撑，推动甜桔柚产业技术水平

（1）邀请浙江省农科院柑橘研究所、浙江大学、丽水市农作物站水果专家来庆元县开展水果技术培训和现场指导。鼓励种植户参加省、市水果培训班，提高果农栽培管理水平。

（2）通过项目的实施，基本摸清了甜桔柚生长物候期及相关病虫害防治要点，总结形成了甜桔柚避雨栽培、幼龄果园以草防草、甜桔柚完熟栽培等多项技术。通过科研合作、技术项目实施等工作的开展，拉近了科研与生产的距离，提升了产业技术水平。

（3）甜桔柚产地加工逐步拓展。浙江醉三公生态农业科技有限公司着力研发甜桔柚酒，庆元县外婆家水果专业合作社开发了甜桔柚蜂蜜茶、甜桔柚月饼等系列产品。

6. 注重品牌建设，提升优质果品知名度

（1）依托政府平台，扶持农业创品牌。加大对"庆元甜桔柚"品牌的宣传投入，如沪杭高速公路沿线设立"庆元甜桔柚"高炮广告，拍摄"庆元甜桔柚"宣传视频。

(2)线上线下结合,探索多元销售模式。除直销、配送、专卖之外,引导企业利用甜桔柚耐贮运的优势,通过淘宝、微信等电商渠道进行销售,大力发展电子商务,探索"互联网+"等多渠道销售模式。截至2020年,已有外婆家、森龙、志东、蓝城等企业在淘宝、天猫、微店开设了10余家店铺。

(3)成立庆元县甜桔柚协会,整合社会力量,向社会各界宣传"庆元甜桔柚"品牌,增加其知名度。积极组织企业、合作社、种植大户参加农博会、精品果蔬展等国内交流活动,传播庆元县甜桔柚发展成就,打响"庆元甜桔柚"品牌。

7. 优化品种结构,完善优质水果生产基地建设

以老残果园改造为重点,推进果树内部结构调整,使名优水果向优势区域集中。鼓励和扶持具备比较优势的宜果地区发展水果生产,实现资源的合理开发和利用。制定相应优惠政策,加快对现有的老品种和残次果园的更新改造速度,实施优质水果提质增效工程项目,实现水果产业提质增效,促进庆元县果业持续发展。

二、体会与思考

甜桔柚产业经过几年的培育和发展,从无到有,已成为庆元农业的主导产业,促进农民增收致富和现代农村发展,这得益于政府的大力支持和持续的质量管理与品牌打造。按照高水平共同富裕发展的要求,政府支农要进一步加大对甜桔柚产业发展的支持,不断扩大规模和提升品质,使甜桔柚产业成为农村共同富裕的重要产业。

1. 加强地理标志农产品的管理

注册"庆元甜桔柚"证明商标,按照《庆元县甜桔柚农产品地理标

志使用管理办法》，并授权给庆元县域内符合条件的企业使用。加强庆元甜桔柚地理标志的使用管理，对于不按标准进行基地管理，农残检测超标；不按标准进行分级，或低价到外地收购，以次充好；不按标准要求在包装正面印制"庆元甜桔柚"的统一标识并张贴防伪码等，均要收回庆元甜桔柚地理标志的使用权，并将该企业列入黑名单。

2. 建设无病毒苗圃繁育基地

在柑桔类树种上染有黄龙病菌、黄脉病菌，会对产业造成覆灭性影响，为了甜桔柚产业健康发展，扩面种植正常推进，苗木供应不仅要充足，而且要健康。因此，要在源头上下功夫，在本地建立无病菌苗圃繁育基地，建成后将为产业发展、农民增长从源头提供安全保障。

3. 推动农旅融合发展

一是推进甜桔柚与休闲农业相结合的特色旅游，建设甜桔柚观光采摘园，让游客参与赏花、采果、品甜桔柚系列产品等亲身体验活动；二是甜桔柚与学校学生的科普教育相结合，或结合乡村振兴科普基地创建活动，选择条件成熟的种植企业，创建甜桔柚特色的文化体验、科普宣传基地，果旅、果科融合共同发展。

4. 培育新型主体

大力宣传庆元的生态、资源优势及优惠政策，大力开展招商引资工作，引进优质工商资本和社会资本参与甜桔柚产业的开发，形成"龙头企业+基地+农户"的发展模式，力争到2023年培育年收入超千万元的经营主体5家以上。目前整体经济下行，一些有激情、有见识、有资金、懂市场的农民返乡创业，要因势利导，通过土地流转（目前的人员外流也使土地流转成为可能）、职业培训等措施，培养一批家庭农场型的职业农民，使其在家乡规模发展甜桔柚产业的收入超过外出打工收入，从而让他们在家乡留下来，最终成为庆元甜桔柚产业发展的主力军。

5. 延伸产业链条

庆元甜桔柚多以鲜销为主，主要是产量不够，单价太高。一般用于加工果汁的鲜果单价要求在每斤0.5元以下，而目前庆元甜桔柚正品果的销售价达每斤7~16元，等外果的销售价也都达到3~5元。在这样的销售形势下，投入甜桔柚加工项目条件暂不具备。但应提前谋划，未雨绸缪，加强与大专院校、科研院所的合作，开展甜桔柚及特色加工品发展亟须的共性技术和关键技术攻关。加大科技投入，做好技术储备，研制新产品，延伸产业链条，使甜桔柚逐步走上深层次、多领域、全方位开发的综合利用之路。

6. 加强技术服务

大力推广"校企地"科研合作模式，搭建开放式技术创新、成果转化推广平台与人才培养基地。一是借智发展，加强与省市高校院所的沟通合作，深入推行"星期天工程师"、科技特派员等柔性引才模式；二是整合庆元县农林水及科技、供销与甜桔柚的乡土种植能手等，成立庆元甜桔柚服务团队，完善服务体系。解决农民生产过程中的技术难题，促进甜桔柚产业发展。

漓渚镇：数字赋能使小兰花撬动大产业

兰渚旧种越王兰，碧浪红香天下传。漓渚镇位于鉴湖水系源头，漓渚兰文化源远流长，漓渚兰农种兰养兰的历史可以上溯到魏晋时期，起于宋朝、闻于明清、兴于民国、盛于当下，距今已有2500多年历史。依托悠久的养兰种兰历史，兰花产业在漓渚这片土地上生根发芽，成为远近闻名的"国兰祖地""春兰故乡"，在业界历来就有"中国春兰看浙江，浙江春兰看绍兴，绍兴春兰看漓渚"的说法。截至2020年底，全镇已有1000余户农民种兰卖兰，其中专业兰农300余家，上规模的兰花大户27家，2020年实现兰花销售超亿元。

一、主要做法

近年来，随着数字化技术的不断发展，数字技术已向农业农村各领域不断渗透，数字农业已然成为当前我国推进乡村振兴的重要驱动力，为农业高质量发展培育新动能，展现新成果。漓渚兰花产业抓住机遇，把数字化发展与兰花产业发展交织融合，成为高质量发展的新引擎，产生了神奇的化学反应，一朵小小的兰花成为漓渚百姓手中的致富花，漓渚兰花产业发展走上了领跑竞跑的快车道。

1. 发挥数字化对兰花创新培育的引领作用

近几年，漓渚镇鼓励兰农加大科技创新投入，走品牌化、规模化、数字化的现代兰花发展之路，改变以往小规模、靠经验的育兰模式。一方面，鼓励推广科学管护育兰技术。多次组织兰农赴广东、福建等科技育兰先进地区学习考察技术与经验；通过政策扶持，当地兰农建起了智慧温室兰花大棚；与省市农科院专家、技术人员对接，指导兰农提高兰花的发芽率和成苗率，提高兰花产量。另一方面，抓住兰花数字工厂建设项目，镇企合作组建数字化兰花组培中心。首期投入500万元，通过引进专业技术设备和人才，由专业团队进行科技育兰，一改以往的分株扩盆培育，从兰花种子进行组培，通过技术杂交，不断繁育出新品、佳品兰花，让科技赋予兰花更高附加值。截至2020年底，兰花数字工厂已收集有近百个兰花新品种的基因数据，1600余瓶组培苗成型。新品种的培育，让兰花产业突破了同质化竞争的难题。

2. 发挥数字化对兰花规模生产的赋能作用

得益于"花香漓渚"国家级田园综合体的建设，漓渚成功打造了近千亩集兰花培育、花卉展销、休闲观光、科普教育于一体的综合性兰花种植产业基地。目前该基地已呈现规模效应显著、品牌影响深远、行业优势明显的发展势头，助推漓渚兰花产业实现腾笼换鸟、跨越式发展。漓渚镇在已有兰苑300多亩的基础上，通过流转土地，鼓励兰花经营户新建数字兰花温室大棚，规模化种植培育兰花，陆续新建成430亩数字兰花温室大棚，运用自动控温控湿系统、自动喷淋系统、自动遮阳系统，控制光照、气温、水分等条件，通过智能化、精细化管理，数字化技术设备的系统运用，全面完成兰花培育基地的数字化打造，数字系统贯穿兰花培育全过程。加快了兰花的培育周期和流通周转，进一步降低了人力成本，有效发挥了规模效应，增强了产业集聚效能，提高了产业现代化水平和效率，改变了过去低效低档的种植局面，较传统培育模式提高收益达80%，促进兰农大幅增收。

3. 发挥数字化对兰花网络销售的撬动作用

随着近几年兰花产业规模的不断壮大，漓渚深耕展会经济，激活兰花产业"商气"，漓渚兰花的影响力不断攀升。随着华东地区兰花博览会、浙江省蕙兰博览会以及2021年中国首届云上春兰节的成功举办，兰花销售也随着兰花品牌影响力的提升不断增量增速。在当前经济低迷，特别是花卉产业众芳摇落的大气候下，漓渚兰花却一枝独秀，产销两旺，这也得益于兰花网络销售的兴起。兰花经营户通过不断改良销售模式，走起了电子商务、数字销售的道路，而电子商务也带动了兰花产品网络销售的新局面，直播带货成为兰花销售新模式。通过统计网络销售的数额、数量、品种，可以第一时间获取品种销售业绩，及时优化种植结构，为兰花经营户及时避开一些投资风险。兰花销售也从过去"一根扁担跑天下"转变为"一根网线卖天下"。

二、建议与思考

漓渚虽是千年兰乡，兰花名声在外，极具特色和优势，但与国内一些养兰发达地区，如福建、云南等地相比，仍存在不小差距，尤其是在数字化建设上还需要进一步发力，使"国兰祖地"焕发新活力，为村民致富带来新效益。

1. 培育壮大兰花数字化全产业链

通过政策扶持，将兰花产业作为产业振兴、乡村振兴的重要发展内容，通过扶持兰花龙头企业、推广兰花数字工厂、打造兰花主题文旅项目，充分挖掘兰文化内涵，传承和弘扬"兰文化"，进一步打造兰花数字化产业链。同时每年安排一定的科研经费支持兰花技术研究，鼓励加强与大专院校、科研单位的合作交流，融合漓渚的资源优势和传统技术优势，扩展兰花产业链。

2. 加速"互联网+"兰花销售模式

推进"互联网+"发展，加强培育新型职业农民，推动兰农更快地学会利用互联网销售技术，使其具备掌握网络信息技术和新媒体平台的能力，以及运用农产品市场营销、电商平台运作和物流网络交易信息系统的能力，借助现代网络和营销手段，把漓渚的兰花推向更广的国内外市场。

3. 打造漓渚兰花品牌标志

兰花是绍兴市花，是浙江省地理标志产品，政府部门要持之以恒地抓好兰花节展活动，尤其是抓牢"中国春兰节"这块金字招牌，把兰花影响力推向全国。漓渚镇作为中国兰文化的发祥地、绍兴兰花的集散中心，必然也将迎来更好的发展机遇，这是漓渚的一张金名片，漓渚镇将围绕兰、文、商、旅等多产业融合，不断汇聚人气、激活兰花产业"商气"，进一步扩大漓渚兰花品牌影响力。

第四篇
集体经济发展与共同富裕

花园村:"以工强村、以商兴村"共同富裕的花园实践

花园村地处浙江省中部,已有690多年的历史,改革开放以前是一个只有183户496人的贫困村,面积0.99平方公里。1978年,花园村年人均收入仅87元。在过去的40多年时间里,花园村以"强党建、抓工业、兴产业、惠民生、善治理"为重点,坚持党委领导、党员带头不动摇;坚持依法治村、民主管理不动摇;坚持发展工业实体经济不动摇;坚持为民、利民、惠民、富民不动摇;坚持打造中国农村样板、世界名村不动摇。通过不断地奋斗,努力探索出一条"以工强村、以商兴村,就地推动农村城市化"的共同富裕之路,向着高质量产业兴旺、生态宜居、乡风文明、治理有效、生活富裕的目标大步迈进。现在的花园村下辖19个小区,户籍人口1.4万多人,外来人口5万多人,常住人口超6.5万人,村域面积12平方公里,2020年全村实现营业收入610亿元,村民人均年收入14.2万元,先后荣获全国先进基层党组织、全国文明村、全国民主法治示范村、全国乡村振兴示范村、全国乡村治理示范村等上百项省级以上荣誉称号。

一、花园村实现共同富裕的五大举措

1. 资源要素抓统筹,形成了整村统一的发展规划模式

在东阳市委、市政府的重视支持下,花园村大胆改革、主动作为,

统筹各类资源要素，发挥整合的最大效益。

（1）村庄集聚。2004年，花园村在行政区划调整中，与周边的9个村合并，组建了新的花园村。2017年3月，东阳市顺应发展需求，对花园村启动第二轮区划调整，再次并入9个村，村域面积从5平方公里扩展到近12平方公里。

（2）资源集约。全村把所有土地收归集体，统一规划利用，以农房改造为出发点，先后整体搬迁9个村，整体拆建10个村，打破并理顺原先散乱的村庄发展布局，把单打独斗的分散经营方式转变为连片开发、规模化运作，节约土地上千亩，也把农民从土地束缚中解放出来，为"生活靠集体，致富靠自己"创造了条件。

（3）管理集中。全部19个村实行"村企分开，财政统一管理、干部统一使用、劳动力在同等条件下统一安排、福利统一政策发放、村庄建设统一规划实施"的"一分五统"管理模式，把所有资源统起来使用、经济社会发展统起来考虑、历史遗留问题统起来解决，全部村民"同村同待遇"，解决了各村土地好坏不一、经济贫富不均、发展规划打架等问题。东阳市委市政府主动创新财政分成机制，将花园属地内的土地出让金全部返还村集体，以让花园村更好地承担起农村社会管理的职能。

2004年第一轮区划调整后，花园村的经济总量增长了21倍，村民收入增加了10倍，真正实现了"先富带后富、强村帮弱村"，花园人在当地成了幸福生活的代名词。

2. 产业发展抓融合，培育了多元发展的各类专业市场

花园村始终以富民为第一要务，推进一二三产业融合发展，在不断壮大集体经济的同时，为农民放下裤腿就地创业开辟了更广阔的天地。

（1）工业融合科技。秉持"以工富农、科技强村"的理念，以花园集团为主体，不断转型升级，推动工业经济向科技化迈进。加强人才引

进,重视科技创新,培育了具有自主知识产权和核心科技竞争力的生物、新能源、铜业、新材料、药业"五朵金花",其中花园生物是全球最大的维生素 D_3 生产企业,2014 年已成功登陆深圳证券交易所。

(2)农业融合旅游。利用工业的溢出效应,积极发展现代农业,与浙江省农科院等建立紧密的校企合作关系,第一时间应用新品种、新技术,建立可追溯的农产品质量管理体系,亩产效益达到传统农业的 5 倍以上。同时,拉长产业链,发展休闲观光旅游,建设游乐园、天香湾、中国农村博物馆等,打造了中国名村考察观光主题旅游。

(3)文化融合市场。抓住市场机遇,把东阳传统木雕技艺和红木结合,积极引导村民大力发展全产业链的红木家具产业。把东阳木雕的工匠精神融入产业血脉,坚决打击以次充好、偷工减料、相互压价等不良行为,把花园红木家具城建成品质优、信誉好的品牌。花园红木家具城在国内同类市场中排名第一,红木家具产量占全国的 1/3。产业的多层次融合还催生了物流、包装、商贸服务等新兴业态,构造了多极化的发展空间。

改革开放以来,花园村的经济发展一直高速增长,发展水平位居浙江省甚至全国农村前列。老百姓可以自主选择就业方向,自由奋斗创业,形成了"人人忙赚钱、家家赚钱忙"的良好氛围。

3. 美丽乡村抓标准,提供了优质便利的农村生活条件

花园村按照"让城里人羡慕的农村"的标准来规划、建设、发展村庄,把花园村打造成宜居、宜业、宜游的新花园。

(1)村庄建设景区化标准。高起点规划,将整个村划分为村民居住区、生态农业区、第三产业服务区、高科技工业园区多个功能区块,逐一编制详细控制性规划。高标准实施建设,平均每年村集体投入数以亿计的资金,用于道路、饮用水等基础设施,基础设施水平超过了东阳多

数集镇。高要求进行环境革命，大力开展"五水共治""三改一拆""四边三化"，实施绿化、洁化、美化。花园村是浙江省首个单独以村为单位的国家4A级旅游景区，并正在积极创建国家5A级旅游景区。

（2）公共服务现代化标准。花园村建成了浙江省内一流的教育、卫生、文化等公共服务平台。村民可以就近在省二级幼儿园、与浙江师范大学联合办学的花园外国语学校等免书费学费完成16年学业，免费观看花园艺术团演出，也享有在二甲标准的花园田氏医院就医的便利。高标准建设的便民服务中心，通过"自主优先、人机互动、窗口托底"的基层办事模式，真正实现"办事不出村"。

（3）社会福利市民化标准。所有村民享有建房补贴、奖学金制度、电话月租费等多达31项的生活保障福利，弱势群体和返乡知识分子也享有相应的福利待遇。

花园村用真实的福利把发展红利分享给每一位村民，村民们既生活在干净优美、设施完善的环境中，又有衣食无忧的社会保障，体会到了安居乐业的幸福感。

4. 社会治理抓创新，构建了井然有序的农村治理格局

随着经济的发展和外来人口的不断增多，花园村因地制宜，创造性地探索出了一条基层社会治理的新路子。

（1）推行包容协商的自治新方式。让"新花园人"参加村级事务会议，参与村庄治理，更广泛地实现民主协商，让在花园打拼的外来人员更有融入感。制定村规民约，内容实用、管用。

（2）培育积极向善的社会新风气。花园把村级党校、《花园报》和花园村民读本、员工手册等作为乡风文明的宣传媒介，大力宣传社会主义核心价值观，倡导"求实、创新、求强、共富"的花园精神。村里每年确定一个主题，组织村民参与全民大讨论和全民比践行活动，各个住宅

小区也分区进行思想道德教育和各种文明创建活动，在"户看户、户比户"中提升村民素质，凝聚花园人心。

（3）构建五位一体的治理新机制。通过建立包含治保、矛盾纠纷排查调处、外来人员管理、劳动争议调解等一整套社会治安综合治理组织体系，成立治安联防处警中队、巡逻保安中队、消防中队、民兵营特别中队四支队伍，完善矛盾纠纷处理办法等，构建"调、控、防、治、处"五位一体的社会综合治理机制。村里发生的矛盾纠纷可以在第一时间找到相应的单位和干部进行处置，一般事件都可以当天处理，最迟不超过三天。

40多年来，花园村实现了矛盾不上交、纠纷不出村、选举不拉票、村民零上访、无违章建房、无违反计划生育、无封建迷信、无辍学儿童、无重大刑事犯罪，本地人和外来人在花园和谐相处。

5. 党的建设抓核心，形成了坚强有力的基层战斗堡垒

花园村在村党委班子的带领下，以党的建设统领各项事业，为花园发展提供了坚强保障。

（1）发挥党员干部带头作用。村党委始终强调党员干部要坚持"公开、公平、公正"的办事原则和尽职奉献的工作作风，不管参加会议、活动，还是为村民办事，党员干部从不计报酬，不领误工补贴。有事找党员，有矛盾找干部成了花园村民的自觉。

（2）发挥基层组织堡垒作用。并村后，针对个别支部软弱涣散、有宗派观念等现象，村党委优化调整设置，将原来19个村党支部整合成6个党支部，按照"先定事、再定人"的原则，把讲党性、懂经营、守规矩的党员干部挑选出来，打造一支团结干事的基层组织团队。以花园党校为阵地，坚持半月一次的党员学习，一月一次的党员会议制度，提升党员干部素质能力。

(3)发挥制度管人管事的保障作用。建立了一套涵盖村务管理、党员管理和村民管理的规章制度,坚持重大决策集体讨论、重要事项及时公开,所有事情都放到"台面"公开运作。建立双重监督机制,村务监督委员会负责对村级事务的监督,村纪委负责对党员干部的监督,明确党员干部违反村规民约的要加倍处罚。

"村民看党员、党员看支部、支部看书记"的看齐效应在花园村已经深入人心,村党组织发挥了强有力的"领头雁"作用,成为花园村经济社会发展的坚强核心。

二、花园村发展的五大经验

改革开放40多年,让一个村变成一座城,花园的乡村振兴之路和"就地城市化"经验得到了许多上级部门的充分肯定。如今,花园村已经形成了"村民比市民富、村容比城市美、生活品质比城市高、田园风光和城市文明高度融合"的花园发展新局面,花园发展模式的成功迎来了一批批参观者、学习者。

1. 花园村始终坚持党的全面领导

花园村每次实现蜕变式突破,都紧紧跟随中央大政方针和浙江省委决策部署谋篇布局。在过去的40多年里,从改革开放到"南方谈话",从"八八战略"到"决胜全面建成小康社会",花园村都准确地抓住了每次重大机遇,将中央、省委的重要精神和核心思想与花园村实际相结合,最终成功实现花园村的跨越式发展。花园村"两委"高度重视党建工作,不仅成立了花园村党委和纪委,也在花园集团成立党委和纪委,还成立了"两新"党委,改革后还建立了联合党委,通过严格执行党内组织生活制度,健全党建工作机制,夯实党建阵地建设,不断提升党建管理水平，健全完善村党组织领导下的村民自治机制，最大限度地凝聚起全体党员干部、村民和外来人员的创业创新活力、爱村护村合力。

2. 花园村始终坚持以市场机制为引领

市场在资源配置中起决定性作用，为经济发展注入蓬勃生机和无限活力。花园村通过兴办实业、搭建平台、多方融资激活了资金要素，以旧村改造和土地整理盘活了土地资源，以健全完善的激励机制和公共服务集聚了人力资源，为经济发展提供了最有力的支撑，推动构建了多元化、高质量的产业发展体系。

3. 花园村始终坚持以人民为中心

花园村秉持"全面小康、共同富裕"的理念，以生物医药、新材料等产业为本，大力发展红木家具、旅游和商业零售等富民产业，为村民就地就业和外来人员创新创业创造了良好条件。同时，高标准规划建设美丽乡村，提升基础设施水平，构建优质高效的公共服务保障体系，坚持开放平等，较好满足了群众对美好生活的向往。花园村走出的是一条在全面深化改革中，通过"强弱连带、优质保障"实现共富共享的道路。

4. 花园村始终坚持"三治融合"

花园村注重发挥制度作用，以民主决策、科学管理和严格监督完善乡村自治；搭建信息监管系统，完善矛盾纠纷调处化解机制，依法调解矛盾纠纷，加强乡村法治；发挥文化的教化功能，大力培育和弘扬"求实、创新、求强、共富"的花园精神，推进乡村德治。当前，花园村还与华为合作，积极推进"智慧花园"数字化智治体系建设。

5. 花园村始终坚持改革创新

花园人始终坚持以"求实、创新、求强、共富"的花园精神为动力，不断革故鼎新，始终紧绷"开拓则生、守旧则亡"的思想之弦。2020年，花园村作为浙江省唯一的乡村振兴综合改革试点，积极探索浙江特色新时代美丽乡村经济发展新动能、社会治理新模式、乡村管理新途径，破除阻碍城乡融合发展的体制机制，并形成了一批改革创新成果，推动了一批项目落地，提炼了一批经验做法，形成了一批制度成果。2020年10月，花园村被列入浙江省第四批小城市培育试点，这是浙江省小城市试点首次从中心镇向经济强村扩容，也标志着全国首个"村域小城市"开始培育。①

三、花园经验的五大启示

花园村从一个落后的小村庄变成"浙江农村现代化的榜样"，人均收入从每年87元到14.2万元。总结花园村实现共同富裕的历程，因素多种多样，但最核心的一条，就是立足村庄经营，将农村社会管理理念和模式与就地城市化紧密结合，推动花园村不断发展，勇立潮头。

1. 农村要发展，必须有要素支持

要加快新形势下的农村发展，加强统筹谋划，实现资源要素的最优化利用是关键。农村量大面广，各类生产要素很多，但往往存在散、杂、乱现象，许多资源被浪费了。要坚持科学统筹、合理利用的思路，把各种资源要素先统后分，放到该放的地方，实现效益的最大化。例如，土地承包经营权的流转整合，为发展现代农业、农村股权改革等奠定了基础，有效加快了农村改革的步伐。再如，村级集体资金的统筹整合，使有限的资金用到了刀刃上，实现了"抓住一点，带动一片"的效果。

---

① 《东阳：全国首个"村域小城市"开始培育 花园村被列入省第四批小城市培育试点》，浙江在线－东阳新闻网，2020年11月16日。

2. 基层要兴旺，必须有产业支撑

农村产业培育既可以是传统产业，也可以是现代产业；既可以是单个产业，也可以是多个产业融合发展。只有找到适合自身实际和发展阶段的产业，才能夯实经济基础，建设美丽乡村，让广大村民的钱袋子鼓起来，实现可持续发展。同时，产业的选择也不是一成不变的，而是要随着经济社会的发展，不断革故鼎新、自我革命，与时俱进跟上时代发展的步伐。

3. 村庄要美丽，必须有合理规划

美丽乡村建设，要注重内外相宜、表里一致，既要重视建筑、街道等外在之美，更要重视农村文化、公共服务、社会福利等内在之美。同时，美丽乡村建设需要制定一套能管长远、符合实际、能够操作的规划，配套建立科学的指标体系来指导、评估、推进规划的落实。例如，花园村参照现代企业经营经验，为村庄建设制定了一套自己的标准体系，从规划到建设无一遗漏，大到工业项目，小到道路铺设，都有严格的工作标准和完善的评价机制，从而确保了新农村建设的高水准。

4. 村域要稳定，必须有科学治理

基层的创造力是无穷的，充分尊重基层首创精神，激发基层生机活力，是抓好基层治理的关键所在。政府要坚持"有所为有所不为"，对该管的，绝不缺位、绝不推脱，积极主动当好"店小二"，提供优质、高效、到位的服务；对不该管的，绝不越位、绝不包办，放手让基层去创新、去试错。花园村正是在这样的环境下逐渐探索形成了一套行之有效的治理体系，实现了从"能人治村"到"依法治村"的跨越转变。

5. 乡村要振兴，必须有党的领导

只有加强党的建设，农村的各项事业才能方向不偏，道路不歪，才能心齐气顺、风清气正。必须找准带头人，发挥党员干部在干事创业方面的示范带动作用，才能凝聚起创新发展的合力。必须把从严治党覆盖到村级治理的每一个角落，推进党务、村务、财务"三公开"，才能不断提升村级党组织的公信力。

四、花园村未来发展的谋划

2020年，花园村展开了浙江省唯一的乡村振兴综合改革试点，通过农村城市化的道路，争取把花园村建成乡村文明与城市文明高度融合的实践典范、乡村未来社区的实践典范、新时代乡村振兴的实践典范，为全省、全国乡村振兴和农村实现共同富裕提供经验和样板。下一步，将充分利用乡村振兴综合改革所取得的成果，全面推进花园城市化进程。

第一，以城市标准推进村域"多规合一"，让农村环境更加美丽。按照既保持乡村特质，又体现城市品位的要求，率先启动村域空间规划省级试点和花园村小城市国土空间发展研究。编制完成的《花园村村庄规划编制导则》是浙江省首创且唯一的村级村庄规划技术标准，为今后特大村庄的乡村振兴建设提供示范指导。

第二，创新优化"基层党建＋乡村治理"模式，让基层社会更加和谐。探索党委领导、"三治"融合、社会协同、公众参与的新时代乡村治理体制机制。

第三，完善多元融合的乡村产业体系，让农村市场更加兴旺。推动要素跨界配置和产业融合发展，大力发展现代农业，加大工业投资力度，引进和发展现代物流、电子商务、科技中介、金融服务等生产性服务业。

第四，健全普惠共享的综合服务管理体系，让村域管理更加到位。以打造"生态化、融合化、数字化"未来社区为目标，高标准、高水平推进城乡综合服务管理标准统一、制度并轨。联合华为实施全国首家

"智慧乡村"项目，利用5G赋码，实现乡村社会整体智治。

第五，建立平等流通的要素保障支撑体系，让乡村振兴更有保障。聚焦阻碍城乡要素自由流动和平等交换的体制机制壁垒，多途径探索，为乡村振兴注入新动能。

"十四五"时期是花园村高质量发展的关键时期。花园村将忠实践行"八八战略"，奋力打造"重要窗口"，争创社会主义现代化先行村。在以国内大循环为主体、国内国际双循环相互促进的新发展格局下，花园村将以新发展理念为引领，以小城市培育试点为主线，以改革创新为动力，以进一步推进农村现代化和持续实现共同富裕为目标，坚持守正和创新相统一，全面推进花园村高质量发展。

"十四五"时期，花园村将计划完成投资50亿元，致力新增3家上市公司，争取营业收入达到800亿元，利税达到30亿元，村民人均年收入达到20万元。进而持续推进产业发展、村域管理、基础设施、村民生活、文化建设、生态文明高质量发展，努力把花园村打造成为中国全面乡村振兴的榜样以及"花园城市，世界名村"。继续高擎中国现代化和谐新农村的旗帜，力争"把花园村建设成世界上最富有、最美丽的农村，让花园村民成为世界上最富裕、最幸福的农民"。

平湖市：创新"飞地"抱团强村模式

推动乡村振兴，实现共同富裕，村级集体经济是基础和保障。多年来，平湖市将发展壮大村级集体经济作为夯实基层基础、推动乡村振兴的重要抓手，探索出"飞地"抱团发展集体物业经济的新路子，持续推动村级集体经济转型发展。2018年底，全面消化年度经常性收入100万元以下的经济相对薄弱村，带动全市低收入家庭年户均增收5530元，基本建成帮助青田县156个经济薄弱村"消薄"的平湖青田"飞地"产业园一期工程，积极探索东西部扶贫协作，帮助四川九寨沟县精准扶贫。全市村集体经济收入从2010年的1.29亿元提高到2020年的4.86亿元，农村居民人均可支配收入从2010年的29101元提高到2020年的39903元，城乡居民差距从2010年的2.04缩小至2020年的1.65，是浙江省城乡差距最小的县（市）之一，也是嘉兴市率先实现全部村年度经常性收入达到150万元的县（市）。2020年，平湖市73个行政村年度经常性收入达到2.51亿元，村均达到343.8万元。为助力实现"村美、民富、宜居、宜业"的乡村振兴目标，建设共同富裕示范先行区作出了有益探索，提供了可借鉴的经验。

一、"飞地"抱团强村发展的实践

"飞地"抱团强村的核心是解决村集体经济薄弱问题，提高村集体在农村经济发展和农村公共服务提供方面的能力,推进乡村振兴和共同富裕的实现。在2005年前,平湖市农村集体经济薄弱,全市有2/3以上的村集体经常性收入不足15万元,甚至存在集体经济"空壳村",村级组织日常运转难以保障,"无钱办事"现象普遍存在,迫切需要扶持发展村级集体经济。同时,平湖市第二、第三产业发达,标准厂房、店铺门面等物业租赁市场需求旺盛。在此背景下,平湖市连续实施以发展集体物业经济为主的"强村计划"工程,在此基础上不断推出"飞地"抱团强村计划,推动了村集体经济的发展和共同富裕的实现。

1. 实施镇域联建,"飞地"抱团启动

平湖市"飞地"抱团最早起源于镇街之间,由政府安排土地指标和财政资金补助,通过镇街"统一规划、统一建设、统一经营(出租)、产权独立、收益归村"的形式,鼓励多个村在工业园区、城镇商业区、城乡一体新社区等区域联建集体物业。2009~2012年,全市实施项目34个,集体年增收1750万元。"飞地"抱团全面消除了年度经常性收入30万元以下的薄弱村,15个村年度经常性收入超百万元。如2012年钟埭街道统筹规划樱花小镇商业核心区块56亩,鼓励全街道5个村分三期建成集农贸市场、商铺、办公于一体的集体物业1.9万平方米,投资3746万元,年租金761.5万元。

2. 开展县域合作,"飞地"抱团推进

2013年,按照"规划引领、退散进集、抱团发展"的总体思路,突出"一县一团",创新"飞地"抱团物业经济发展模式。

(1) 政策引导集体物业"退散进集"。市优先收储低散小集体建设土地的复垦指标,村复垦土地补偿资金为60万~90万元/亩,资金全部用于"飞地"抱团项目。对参与"飞地"抱团的薄弱村,给予每村150万~

200万元的财政补助，3万元/年的融资贴息（三年），对重点提升村给予50万元/年的融资贴息（三年）。

（2）土地指标统筹集聚。对符合复垦条件的低散小集体存量建设土地，单独编制平湖市"强村计划"农村土地综合整治项目，对应的建设用地指标集聚到平湖经济技术开发区，全部用于"飞地"抱团项目。

（3）公司化运作产权明晰。参建村以腾空复垦小散乱集体建设土地的村为主，同时吸收集体积累资金较多的村，资金不足部分由项目所在地国资出资，采用"土地+资金""弱村+强村""政府+集体"模式，投资各方按出资比例共同发起成立股份有限公司进行项目建设。

（4）委托管理收益有保障。项目按照开发区招商引资需要设计建设，建成后由开发区先行租赁标准厂房10年，并按村实际投资额的10%支付固定租金。2013年以来，平湖市实施"飞地"抱团强村项目6个，全市87%的村参建，"飞地"504亩，总投资14.76亿元，已成为一种全省推广的多方共赢发展模式。村集体增收显著地块置换前原集体年收入不到500万元，集聚后集体年租赁收入4490万元，参建村村均年增收69.08万元，最高的村年增收232.49万元。土地利用高度集约。开发区通过"飞地"抱团项目，已引进美国万奇等外资企业8家。"飞地"抱团模式的推进，促使平湖市关闭300余家承租集体物业的低效、高污染企业，处置租赁集体土地违法码头堆场159宗，使全市生态环境得到有效改善。

3. 推进山海协作，"飞地"抱团拓展

平湖和青田两地早在2003年就建立了帮扶结对关系，2015年浙江省政府正式将两地确定为山海协作结对县市。平湖市工业经济快速发展，土地指标紧缺，很多企业在引进过程中缺乏落地空间。而青田县资源丰富，但区域位置及经济结构限制了村级集体经济的发展，2016年底，青

田县经济薄弱村还有266个，占总村数的64%，"消薄"成为全县农村社会经济发展的当务之急。2017年6月，按照"优势互补、互赢协作"的原则，平湖市与青田县签约合建山海协作"飞地"产业园项目，平湖·青田山海协作"飞地"产业园项目应运而生。项目规划用地面积300亩，首期用地50.3亩，投资额1.95亿元，已于2018年3月启动，建成后每年可为青田县村集体经济增加收益1950万元。主要做法包括：一是责任共担，建立两地主要领导为召集人的联席会议制度，共同研究解决山海协作重大事项与问题；二是"三供三保"，青田"供土地指标、供钱投资、供人管理"，平湖"保障落地、保障招商、保障收益"；三是项目共建，两地建立干部和专业技术人员互挂互派制度，落实专业干部共同参与推进园区项目建设，并结合"最多跑一次"改革，实行项目审批"绿色通道""红色代办"等特色服务，保障项目快速审批、高效推进；四是利益共享，"飞地"产业园建成后，采取包租固定回报和基金扶持的方式，前五年青田156个经济薄弱村每年获得投资额10%的收益，后五年以厂房实际租金加园区企业税收地方所得部分50%的标准奖补给青田。山海协作"飞地"抱团切实将平湖的区位优势、产业优势与青田要素优势、资源优势结合起来，达到青田壮大薄弱村集体经济、平湖补上用地指标短板的双赢局面。

4. 开创山海沟协作，"飞地"抱团发展

从省内"飞地"到省外"飞地"，从"山海"协作到"山海沟"协作，2018年5月，平湖市与对口支援的四川九寨沟县签订了《规划建设"飞地"科创园合作协议》，在接轨上海的第一站——张江长三角科技城平湖园共建"飞地"科创园。平湖—九寨沟"飞地"科创园项目位于张江长三角科技城平湖园，规划用地300亩，首期项目总用地80亩左右。项目建设延续"三供三保"模式，即九寨沟县"供土地指标、供钱投资、

供人管理",平湖市"保障落地、保障招商、保障收益"。帮助九寨沟县精准扶贫,探索东西部扶贫协作的"平湖样本"。

5. 立足共同富裕,"飞地"抱团拓展

2018年8月,启动全国首个乡村振兴"飞地抱团"低收入家庭持股增收计划,帮助低收入家庭入股"飞地抱团"项目获取稳定收益。2018年9月22日,首届"中国农民丰收节"平湖庆祝活动期间签订入股协议,3225户低收入家庭(占平湖市低收入家庭总户数的96.1%)总入股金17834.67万元,每年户均增收5530元,最高户可达1万元。主要做法如下。一是科学设置入股程序。围绕全员持股目标,将2018年6月底全市城乡低保户和低保边缘户信息库中3356户全部列入可持股家庭,设置调查核实、部门联审、镇街道确认、公开公示、审定备案等程序,保障入股家庭"公平、公正、公开"。二是多方联动筹集资金。按照"集体出一点、家庭掏一点、银行贷一点、党员干部募一点、企业帮一点、慈善捐一点、结对扶一点、政府补一点"共"八个一点",广泛发动,群策群力,鼓励政府、社会、家庭多方联动筹集资金,形成全社会参与脱贫攻坚合力。三是坚持规范高效运作。广泛征求各系统、各领域的专业意见,精心设计并建立产权界定、股权设置、股权管理、收益分配、资金管理等一整套制度,建章立制、规范运作、长效管理。

二、"飞地"抱团强村发展的若干体会与思考

山海协作、"飞地"抱团是浙江省"八八战略"在平湖的生动实践,开启了"活血帮扶、区域互动、合作共赢"的集体经济发展全新模式,通过资源的有效配置、优化配置,为实现乡村振兴、共同富裕作出了积极有益的探索。

1. "飞地"抱团整合了资源的有效配置，缓解了经济发展不平衡的问题

跨村域、跨镇域、跨县城乃至跨省域"飞地"集聚，能有效整合分散的土地指标、财力资本，将地理位置偏远、发展空间有限，或者闲置、低效利用的土地集中到发展潜力大、投资效益好的区域，建设高标准、高收益的集体物业资产，实现了资源的集约高效利用，让经济薄弱村"抱团取暖"有了更大更好的发展空间与平台。

2. "飞地"抱团是农村"三变"改革的实践探索，是符合市场经济要求的集体经济发展创新

"飞地"实质上是集体土地资源变资金、资金变股金、村集体变股东的过程，通过成立集体经济联合公司，土地要素配置市场化，资产产权归属清晰。在具体运作模式上，又能灵活遵循市场需求，统筹规划当地经济发展紧缺的各类标准厂房、物业用房等，实现资源的有效配置，确保高效产出，是一种完全符合市场经济要求的发展新机制。

3. "飞地"抱团不仅消除了集体经济薄弱村，而且密切了区域之间的经济合作

"飞地"抱团模式，变授人以鱼为授人以渔，"输血"为"活血"，有效解决了财政托底后的反弹问题，带领薄弱村闯出了一条融合发展、持续增收的新路子。平湖、青田等"飞地"产业园的建设，每年可为经济欠发达地区的薄弱村持续不断地输送新鲜血液，同时还进一步优化了产业结构，为两地经济社会发展开拓互利互惠的合作新机制和新模式。下一步在发挥"海"的优势的基础上，进一步挖掘"山"的潜力，可依托青田等地优越的自然生态及华侨、石雕等历史人文资源，共同打造山海协作生态旅游文化产业园等项目，进一步做深做实做全山海协作"大文章"。

4. "飞地"抱团调动了各方力量，是凝心聚力扶贫攻坚的有效形式

以强村项目为载体，带动低收入人群脱贫、增收、致富，以达到携手全面奔小康的目标。多方募集持股资金，筹集政府、集体、企业、社会大众及低收入家庭多方资金，形成全社会参与脱贫攻坚的合力。鼓励党政主导，入股至经济主平台中的优质"飞地"抱团项目，强化精准帮扶，有利于实现低收入家庭持续稳定增收。

5. "飞地"抱团打破了区域发展的空间限制，为推动社会扶贫提供了经验

"飞地"抱团是打破土地、资金等要素资源的空间、时间限制，统筹协调、综合利用的过程，为探索东西部地区在土地、资金、技术、人才、劳务等单方面或多方面的综合运用提供了理论及实践支撑，有利于实现资源的优势互补。"飞地"抱团在低收入家庭增收与村级集体经济发展的结合点上进行突破，为探索低收入家庭入股至"成长性好、财政补助比例高、收益好"的企业提供了实践样本，有利于形成"政府主导、社会参与、项目运作"打赢扶贫攻坚战的浓厚氛围。

6. "飞地"抱团壮大了集体经济，打开了乡村振兴的突破口

持续壮大的村级集体经济，增强了村级班子的凝聚力、战斗力，让村党组织在推动农村改革发展、带领农民群众致富、服务改善民生、推进美丽乡村建设、维护农村和谐稳定等方面的领导核心作用更加明显，农村基层基础更加稳固，为实现农业强、农村美、农民富的奋斗目标提供源源不断的新动能。

吕山乡：以智慧循环产业发展带动乡村振兴

党的十九大提出实施乡村振兴战略，确立了农业农村发展的新定位，为农村新型集体经济发展提供了良好机遇。浙江省长兴县以乡村振兴为引领，启动实施新一轮村级集体经济发展三年行动计划，每年财政投入2000万元专项资金，使村集体经济实力得到显著提升。其中，长兴县吕山乡的"湖羊智慧循环产业园"作为数字化产业融合发展示范建设项目，在项目谋划、投入产出、产业优化、运营模式上的成功实践，对带动乡村振兴具有典型借鉴意义。

一、发展智慧循环产业的实践

长兴县吕山乡是中国湖羊之乡、湖羊美食名乡，吕山湖羊基因纯正、品质优良，在国内颇有名气。近年来，长兴县积极发挥财政政策作用，大力支持特色农业发展，通过实施"湖羊智慧循环产业园"项目，推动了智慧循环产业发展，增加了村集体经济发展和农民增收。项目占地面积约700亩，其中320亩湖羊养殖区块，380亩配套种植区块，总投资2.2亿元。项目采取"政府主导、九村联建、公司运作"模式，项目涉及全乡9个村。项目全部建成后，湖羊年存栏达5万头，年出栏8万头以上，产生有机肥3万吨以上，经营主体年产值1.5亿元以上，助力村集体经济收入增收900万元。同时，该项目在打响湖羊品牌、助推湖羊产业转型升级、保护湖羊种质等方面发挥着重要作用。

1. 因地制宜，做优产业特色

吕山乡拥有1000多年的湖羊养殖历史，湖羊文化是吕山乡特有的文化标识，养殖湖羊也一直是当地农户的生产习惯。结合当地实际，通过做好湖羊文化来带动该地集体经济发展成为当地党委、政府的共识，围绕湖羊绿色发展和全产业链两大主题，2019年10月决定筹备建设长兴县湖羊智慧循环产业园。随着互联网技术的发展，吕山乡通过智能装备与物联网平台的开发与应用，建设数字化养殖车间，湖羊养殖实现规模化、标准化和智能化。从养殖环节、养殖环境和养殖质量三个方面统一构建智慧化养殖方案，实现"芦笋秸秆—湖羊—有机肥"的绿色生态养殖闭环，避免了秸秆资源浪费和对环境的污染。通过搭建数字化牧场工作平台，实现湖羊、人员、场景、设备全方位智能化、可视化管理，实现"好养羊"；通过"智能环控、视频监控、精细饲喂、个体管理、繁育管理、养殖模型、移动App"七大核心措施实现"羊好养"；通过单品种大数据中心，对湖羊养殖过程中环境、饲喂等各项要素进行数字化建模，在完善溯源机制的同时，为提升湖羊养殖效率提供智慧化、科学化决策辅助，确保"养好羊"。每年可新增有机肥3万吨以上，年产值达1.5亿元以上。长兴盛农羊粪有机肥项目、胥仓村秸秆收运和饲料化利用项目等建成后，将实现"芦笋秸秆—湖羊粪便—有机肥培育芦笋"的生态循环绿色种养模式。农业园区秸秆、粪污小循环，区域秸秆统一回收、草料统一加工、粪污统一收集、有机肥统一施用、病虫害统一防治大循环产业，优化了产业结构。同时，吕山乡强化院校人才支撑，先后与浙江大学、浙江农林大学等院校达成初步合作意向，共同开展湖羊种质资源研究。此外，坚持"农文旅"融合发展，投资2亿多元打造吕山湖羊美食文化一条街，以湖羊美食为介质，形成融餐饮、文化、休闲于一体的湖羊美食集聚区。截至2020年，该街区已连续举办十四届"长兴湖羊美食文化节"，连续四年每年7月份举办湖羊音乐美食啤酒节。

2. 加强指导，创新资金投入

长兴县财政局高度重视这一新型示范项目，积极主动下沉服务，对上争取，解决项目资金难题。该项目将上级配套财政资金、村集体资金和湖羊农合联成员单位投入资金，按照"平等自愿、利益共享、风险有别、积累共有"原则，股权量化资产收益，实现企业发展、集体经济壮大、助农增收、财政资金保值的共生共进良性循环。政府财政资金全部量化为优先股充实到9个村，经9个村共同成立的久祥牧业授权，政府享有重大决策权和一票否决权。同时，积极对上争取，在县、乡、村三级的共同努力下，最终通过浙江省财政厅的省级乡村振兴产业发展示范建设评审，为该项目的快速推进提供了一定的省级资金保障。在此基础上，长兴县财政局以涉农资金统筹整合机制实施为契机，统筹整合农业产业化、精品村建设、小型水利设施建设等资金3040万元作为县级配套，保障项目顺利实施。

3. 突出帮扶，实现抱团发展

长兴县吕山乡首次探索将全乡所有的9个行政村共同组团，实现企业发展、集体经济壮大、助农增收、财政资金保值的共生共进良性循环。该项目已与美欣达集团成功合作，采取公司化运作模式，年增收将达900万元，提供就业岗位50个，辐射带动周边村民实现就近就业。通过"龙头企业+农户模式"，统一养殖技术标准、统一种羊种苗供应、统一产品合同营销等，提高广大小农户的湖羊养殖技术，适应市场需求，抵御市场风险，夯实湖羊集体经济产业基础。此外，该项目投产后在保证9个村集体经济收益的基础上，将每年提取一部分收益作为扶贫基金，用于各村的助农增收。同时划出扶贫区块，一方面，优先考虑本乡有相关技术和劳动能力的低收入家庭成员进入示范园工作，提高农民收入；另一方面，该项目将面向全县范围内特定的困难户进行湖羊产业帮扶，切实达到项目扶贫、产业扶贫的效果。

二、对乡村振兴的启示

乡村振兴的核心是产业振兴。长兴县财政部门积极主动，创新探索，充分利用实施乡村振兴战略带来的政策和要素供给机遇，支持吕山乡湖羊智慧循环产业园的发展，因地制宜推进新型农村集体经济高质量发展，为财政支持智慧农业和村级集体经济发展提供了一种新的路径。

1. 政策支持要保障

农村集体经济发展得益于进一步优化的农村政策环境，需要制定更加有利于农村集体经济发展壮大的政策，从国家财政政策、税收政策、金融支持、土地使用政策、基础设施建设、人才支持等方面提供更加有效的政策保障。

2. 内生动力要激发

在发展壮大村集体经济时，地域环境、区位条件、经济基础、民风民俗等均有所差异，因此必须因地制宜，激发当地农村和农民发展的内生动力，有效处理和解决好发展与环境、当前与长远、个人与集体之间的关系，科学谋划一条拥有地方特色的发展之路。例如，吕山乡村民在接受教育引导后，增强了集体观念、集体责任感和集体经济认同感，形成发展新型农村集体经济的强大合力。

3. 抱团发展要紧密

在发展壮大村级集体经济方面，为了有效解决"单兵作战"问题和降低风险,还需要树立联合开发、抱团发展的思路,对与贫困户建立利益联结机制的经营主体进行指导管理、扶持培育,选择一批市场前景好的物业项目作为当地经济薄弱村联合参股的发展项目,项目经营红利返回给经济薄弱村。引导各村联建发展,增强"造血"功能,破解"单打独斗"的发展"瓶颈",通过"强村引领、弱村抱团、村企联建、互利共赢"的发展方式,突破行政区划壁垒,发挥集群优势,形成连片效应,实现合作共赢。

瑞安市：构建农村宅基地"三权分置"改革新机制

农地"三权分置"改革是我国基于农村改革创新实践进行的重大理论和制度创新。近年来，瑞安市积极探索落实宅基地集体所有权，保障宅基地农户资格权和农民房屋财产权，适度放活宅基地和农民房屋使用权，深入推进农村宅基地"三权分置"改革，努力创造共同富裕体制机制新优势。自"三权分置"改革试点以来，全市已累计吸引社会资本2.42亿元，盘活农房879幢，带动农民就业1712人，为农户创收3697万元，促进村集体增收786万元。湖岭镇呈店村作为瑞安"三权分置"改革的首个试点，成功将5幢18间闲置民房流转给浙江逸墅文化旅游发展有限公司，颁发了全国首批农房（宅基地）使用权流转证书。打造的高档民宿——泉玥·湖岭度假民宿，截至2020年，一期已进入试运营准备阶段，二期正在主体建筑施工，三期基本完成政策处理，项目总投资额5000万元，全部建成后有望成为浙江省体量最大、品质最高的非标准化民宿之一。此外，"岭上崖居"精品民宿总投资超千万元，现已招引落地，正在加紧施工；"湖岭印象"森氧民宿已签订亿元级投资协议，即将进场施工建设；六科、黄林、均路三个特色民宿村（群）项目正在深入招引洽谈。当地独特的绿水青山资源正转化为共同富裕路上的金山银山。瑞安市被列为全国59个农民住房财产权抵押试点县（市、区）之一。

一、主要做法

1. 构建全链条政策体系，激活农房项目开发内生动力

出台《关于开展农村宅基地"三权分置"改革试点工作的若干意见》等"1+10"政策文本，细化配套政策，鼓励宅基地使用权流转。

（1）建立宅基地分配保障制度，促进粗放利用向集约利用转变。制定《农村宅基地取得置换管理暂行办法》，对农村宅基地取得的条件、对象、程序以及置换、分配等方面作出明确规定，对无房户、住房困难户、地质灾害点搬迁等，可由村民向村集体经济组织申请宅基地；对村庄整体搬迁的，宅基地自愿退出，由村集体统一安置进行集聚建设，市政府统一安排用地指标，置换规划选址的位置原则上在本村新社区集聚建设，按水平式套型布局建设。

（2）建立宅基地有偿调剂使用制度，保障村集体经济组织及成员权益。制定《农村宅基地有偿调剂使用暂行办法》，对于历史原因占有和使用宅基地、村集体经济组织内部成员间有偿调剂等情形，明确有偿使用费的收费标准、转移登记的程序、有偿使用费收益的用途等。如因司法拍卖、列入移民而购置房屋、历史上已在农村购买房屋并已依法办理房产权证过户登记，以及其他合法方式占有和使用宅基地的，实行分区域、分类、分档收取有偿使用费，并依法予以办理不动产登记，有偿使用费收缴标准在市级指导价范围内由村集体经济合作社社员代表大会确定。

（3）建立闲置农房（宅基地）使用权流转制度，鼓励盘活农村闲置资源。针对农村劳动力不断向城市转移后出现的大量"空心房"现象，出台《瑞安市农房（宅基地）使用权流转登记管理暂行办法》，明确试点范围内的农房（宅基地）使用权流转为宅基地土地使用权和房屋使用权的情况，可以进行登记、抵押及再流转。在确保"户有所居"，不改变宅

基地所有权和集体经济组织成员资格的基础上，允许农房（宅基地）使用权通过租赁、入股或其他合法方式盘活流转。

2. 构建全过程服务体系，实现农房使用权流转加快办理

强化政府主导推进，加强部门协调联动，在审批流程、改革扩面、难题化解等方面发挥积极作用。

（1）统一设置服务机构。市、镇两级成立农村产权服务中心，规范闲置农房（宅基地）使用权流转程序，开展使用权流转鉴证，对同时符合流转协议时间在15年及以上，流转规模达单幢农房（宅基地）5间及以上或同一行政村规模化经营10间及以上，用于发展休闲度假、居家养老、乡村旅游（农家乐）等业态三个条件的，核发农房（宅基地）使用权流转证书；涉及需要抵押贷款的，转入方还可按规定申请办理抵押登记手续、核发抵押登记证明。同时，开发闲置农房（宅基地）网上交易平台，对闲置的农房纳入平台统一管理，农民可将自己闲置的农房进行单一出租或规模化出租，提升农房（宅基地）流转效率。

（2）大幅精简审批环节。在审批过程中不再办理规划许可、施工许可手续，在后续验收环节也不再办理竣工验收规划核实手续。对农房（宅基地）流转后整体开发的，开辟绿色通道，实现零缴费审批，从申请验收之日起3个工作日内出具竣工验收结果。简化流转农房（宅基地）改造审批手续，允许闲置农房（宅基地）转入方按规定直接提出申请，进行原拆原建、局部改扩建等适当改造。

（3）全面推进专班运作。在呈店村农村宅基地流转试点的基础上，瑞安市还确定了11个村庄展开市级试点，并制订"一村一方案一专班"方案，根据东、中、西区域产业特色和发展方向，分类开展农房（宅基地）流转开发试点，让更多闲置的农房"活"起来。在试点过程中，工作专班及时研究破解难点问题，如按照"尊重历史、于法有依、于事有据"的原则,创新性解决不动产确权登记等历史遗留问题,区分不同情形明确具体处置意见,使宅基地集体所有权和农户资格权得到确认和保障。

3. 构建全方位资金保障体系,为农村闲置资产盘活提供支持

通过财政资金引导、财政金融互动、筹资模式创新等方式,大力支持闲置农房盘活,积极助力乡村振兴。

(1)加大财政扶持力度。每年安排财政专项资金不低于2600万元,重点用于闲置农房(宅基地)的盘活激励,以多种形式助力产业兴旺、实现乡村振兴。推进农民住房财产权抵押贷款国家级试点,完善风险补偿机制,通过提高农民住房财产权抵押贷款规模在财政资金竞争性存放招标指标中的权重,引导更多银行机构开办农民住房财产权抵押贷款业务。加大乡村旅游扶持力度,对开发符合标准的民宿项目和村庄集体分别按每个客房0.5万~1.5万元、10万~100万元的标准给予奖励,等等。

(2)强化金融支持。制定《关于金融支持农村闲置农房(宅基地)盘活的实施意见》,引导银行机构开展农房使用权流转抵押贷款,支持转入方凭农房(宅基地)使用权流转证办理抵押贷款,转入方可向银行机构申请办理的抵押贷款额度最高为资产评估机构评估值的70%。鼓励金融机构对租赁农村闲置农房(宅基地)发展养老、乡村旅游、创新创业等融资给予支持,如浙江逸墅文化旅游发展有限公司凭流转证书增信功能向银行申请抵押贷款,以此获得500万元的授信。此外,金融机构还创新推出了农房承诺贷、小额农房抵押贷款等融资产品,助力"三权分置"改革。

(3)探索有偿退出方式。建立宅基地有偿退出机制,引导村集体和村民自愿退出宅基地。将退出的宅基地,按规划用地性质,采用政府统一征收、村集体回购、折算"地票凭证"等方式实现有偿退出,其中"地票凭证"可向金融机构申请抵押融资贷款或进行公开交易,也可由市政府统一按当年基准价格回购。

二、体会与思考

1. 共同富裕是"三权分置"改革的追求目标

瑞安市农村宅基地"三权分置"改革试点，是围绕"三权"的分置而设计的土地制度改革的探索，着力构建产权清晰、公平合理、流转有序、保障有力、利用高效的农村宅基地"三权分置"制度体系。重点是通过改革创新适度盘活农村宅基地使用权，使农民能够增加财产性收益，这与共同富裕的本质内涵是吻合的。打通农房（宅基地）连片流转的渠道，激活农村存量资本，不但能破除城乡二元结构、让城乡走向融合，而且能有效吸引资金、人才、技术等要素流向农村，壮大集体经济，增加财产性收入，为实现乡村振兴、促进共同富裕提供新路径。以首个试点村湖岭镇呈店村为例，首期把14间闲置宅基地进行流转，打造高端精品民宿，不仅可以为村民带来稳定的租金收益，还让村集体年均增收15万元以上。

2. 发动农民是"三权分置"改革的根本动力

农民对农村宅基地享有资格权，农民乐不乐意、接不接受，是决定"三权分置"改革成败的重要因素。对中西部地区的农村来说，宅基地是农民最基本的生活资料，在一定条件下能转变为发挥经济效能的生产资料，因此实现好、维护好、发展好农民权益，是宅基地制度改革的出发点和落脚点。因此，"三权分置"改革要突出村民的主体地位，充分尊重农民的首创精神，积极发挥村民自治在宅基地取得、审批、监管、使用、退出等制度建设过程中的作用。瑞安的"三权分置"改革，举全市之力逐步形成"政府搭台、企业唱戏、金融支持、村民受益"的改革局面，既保障了农民的基本居住权利，又唤醒了农村"沉睡"的资产。

3. 依法依规是"三权分置"改革的基本遵循

宅基地制度改革，必须以《中华人民共和国土地管理法》《中华人民共和国民法典》，以及中央出台的关于深化农村集体产权制度改革的一系列政策文件为依据，必须严守改革底线，注重还权赋能，确保社会和谐稳定。注重宅基地流转的规模效应，对业态符合发展休闲度假、居家养老、乡村旅游、农村电商、创新创业、民俗手工艺、现代农业等要求的准予核发证书，严格禁止以流转名义进行私人会所和别墅建设。同时，更加注重在法治框架下进行"点"上创新，在法律规范明显滞后或未覆盖到的领域实现突破。例如，科学区分债权与用益物权的法律定义，将标的物界定为"农房（宅基地）使用权"（使用权属于用益物权），而不是"农房（宅基地）租赁使用权"，将流转年限放宽到不超过30年，流转范围放宽到不局限于本集体经济组织内部，可面向本集体经济组织外的自然人和法人，为"三权分置"改革的依法顺利推进提供依据。

4. 科学规划是"三权分置"改革的关键环节

规划是否科学合理，直接决定了"三权分置"改革的效果。改革过程中，瑞安市注重因地制宜，按照"城乡一体化、全域景观化、建设特色化、管理精细化"的要求，依托东、中、西部特色山水人文资源禀赋，制定民宿发展布局规划，科学定位布点，招引培育特色鲜明的民宿集群。例如，泉玥·湖岭度假民宿在保留原有历史感、不动原先木结构的基础上进行统一设计修建，仅一期就耗资2000多万元；高端民宿圣井左舍，承租16间农房，将瑞安非遗木活字、蓝夹缬以及特色素面融入其中；归园·溪上位于国家AAAA级旅游景区寨寮溪花岩国家森林公园入口，将当地建筑风格特色与传统中式设计概念融入其中，使游客仿若进入归园田居般的世外桃源。

普陀区："三化"盘活乡村闲置房产促进共同富裕

为进一步推进乡村振兴，2019年以来，普陀区将盘活乡村闲置房产作为提升渔农村环境、提高村民收入、缩小城乡差距的重要载体，以旅游带动、土地复耕为着力点，通过规划引领、政策引导、项目引路，以自营、出租、入股、合作等多渠道盘活闲置农房和宅基地，推动渔农村变美、变富。截至2021年6月，全区共激活闲置农房约650余套，建立闲置农房盘活示范区3个。2020年农村常住居民人均可支配收入38593元，增长6.29%，超城镇增幅，8000元以下贫困渔农户全部清零。

一、主要做法

1. 体系化全面要素保障，护航合法权益

（1）充分规划顶层设计。出台《关于实施"闲置农房激活行动"的指导意见》《关于加快推进海岛民宿产业发展的实施意见》等政策，以闲置农房、连片空倒房、村集体闲置用房，以及原卫生院、学校、站所等为激活对象，村公建配套设施、环境改造提升协同，农旅产业融合拉动。强调尊重农民意愿，明确书面同意刚性约束，确保农户、村集体、投资经营人等利益方合法权益。目前，通过房屋、宅基地年租、出售等方式，

平均一户农民可获得1.5万~40万元收入。

（2）强化政策配套激励。发挥政策激励作用，对闲置农房盘活提供资金支持、用地保障、税收优惠等政策扶持，提高农民自主意愿。实施财政奖励，区财政按盘活利用闲置农房数和实际成效进行适当奖励，奖励资金由镇街、管委会统筹用于盘活利用闲置农房。对闲置农房在激活过程中的修缮、改造，条件符合的按危旧房改造政策予以补助；实施金融配套扶持，修订《渔农村政银保合作贷款管理办法》，优化宅基地及房屋使用经营权抵押贷款管理。

（3）突出典型示范引导。启动乡村闲置房产盘活示范点建设，根据不同情况分别开展提升类、推进类、储备类三类试点，示范推动乡村闲置房产盘活推广。其中，对已取得阶段性市场化盘活成效的继续扩面提升，对已确定项目建设目标的加快实施进度，对尚无产业开发规划的转入资源储备，打造闲置民房开发利用的综合性示范项目。目前，已明确虾峙镇东晓村河泥漕区块为提升类示范点，白沙岛白沙港村为推进类示范点，虾峙镇东晓村对岸区域为储备类示范点。

2. 差异化转化闲置资源，加快市场变现

（1）视情多模分类利用。对旅游资源较丰富的区域，以发展民宿、餐饮、娱乐等涉旅产业为主；对交通便捷，公共配套完善的区域，鼓励以入股、联营等方式发展康养、休闲等产业，如黄杨尖村联合展茅乡村振兴投资公司，通过租赁闲置农房打造书店茶吧、窑鸡工坊、乡贤馆、米酒工坊等多业态文创综合体，带动周边旅游和消费；对交通不便、配套服务设施差、单点盘活难、长期闲置宅基地的区域，通过有偿退出、奖补等政策全盘复垦，如虾峙镇走马塘区域90余户宅基地有偿退出并复垦，实现新增耕地40亩。

（2）招引优质项目带动。进一步加大对闲置农房项目招商引资的力

度,积极发挥优质项目落地示范效应,通过优质典型项目,激发村民积极性,带动更多闲置房产有效利用。因地制宜,优先选择村落生态良好、房屋空置率高、建筑风貌好的桃花镇乌石子村、虾峙镇河泥漕村、展茅街道林吴村等区域为重点推荐区域,开展文旅项目招商推广,加快闲置农房资源转化。如白沙岛引入陌邻·佑舍众创小镇项目,打造海岛文创小镇,盘活利用闲置农房65幢,一期已建成11幢。

(3)成立平台统一开发。成立国有投资平台公司,发挥国有企业公信力优势,对有较多闲置房屋但地域偏远、市场吸引力较弱的单个地块进行批量集中收储,实行统一利用开发,提高竞争力。成立普陀区新农村建设投资有限公司,集中对悬水小岛等重点区域统一收储,盘活利用。如该企业对东福山大树湾自然村40余套闲置民房进行集体收储,重新规划并结合省级历史文化村落保护工作进行整体改造,打造成新的传统历史特色网红打卡点,推动辐射全岛市场化开发。

3. 系统化开展有机更新,打造美丽元素

(1)丰富乡村美丽因子。围绕建设"重要窗口"海岛美丽风景线,整合投入财政资金7580万元,通过打造美丽乡村示范乡镇、美丽精品村、美丽村口、美丽庭院等"美丽"品牌,将闲置房产盘活改造、修缮纳入统一规划,强势推进渔农村环境综合整治和长效管理,全面提升渔农村美丽度。截至2020年底,已成功创建浙江省新时代美丽乡村示范县,建成省美丽乡村示范乡镇5个、省美丽乡村特色精品村14个,全区61个渔农村行政村实现A级景区村全覆盖。

(2)营造海岛特色品牌。积极发挥财政奖补资金引导作用,以"一岛一品、一村一韵"为理念,将闲置农房激活纳入乡村旅游资源盘活统一打造,因地制宜凸显东极极地风光、桃花侠侣文化、白沙海钓主题、展茅田园风光等岛屿特色,成功打造"世外桃源,惬意江湖"桃花岛2日游、"孝

心匠心，代代相承"普陀传统文化1日游等10条村游精品线路。其中，白沙岛获评中国美丽休闲乡村，展茅街道入选全国"一村一品"示范村镇，普陀田园综合体美丽乡村夜经济精品线入选浙江省十二条精品线。

（3）完善配套基础设施。在改造闲置农房的同时，同步升级乡村基础设施。投入3560万元，以"四好"农村路建设为契机，提升北向疏港公路示范线、虾峙海山渔村休闲线，打造东港海天极地生态线、六横入岛口五彩风景线、桃花海崖侠侣寻踪线等六条美丽风景线，实现交通"瓶颈"破题、美丽经济示范带成形；投入2470万元，开展农村饮用水达标提标工程，使农村供水保证率达99%以上，确保"喝好水"；投入3620万元，提升渔农村垃圾分类、生活污水、公厕等基础设施建设，缩小城乡基建差距。

二、体会和思考

盘活利用闲置农房，既有利于增加渔农民和村集体收入，又有利于优化渔农村产业结构，促进城乡统筹发展，对推动渔农村共同富裕、建设美丽海岛等都具有重要意义。有效解决渔农村宅基地低效利用和闲置浪费的问题，为乡村振兴的产业项目落地提供用地保障，进一步促进城乡一体化融合发展，保障宅基地农户资格权和渔农民房屋财产权，增加农户财产性收入。以渔农村环境补短板攻坚行动为抓手，推进宅基地"三权分置"改革，统筹盘活闲置宅基地与农房，让闲置农房真正成为富民的"黄金屋"、强村的新引擎。

（1）通盘考虑，多规合一。激活闲置农房，环境是基础，产业是根底，文化是灵魂。要统筹考虑社会效益、经济效益、生态效益、文化效益，因地制宜、分门别类施策，走差异化发展之路。通盘考虑农村土地利用、产业发展和历史文化传承等，优化村庄布局。自然资源与规划局、农业农村局、住房和建设局、文化和旅游局等齐抓共管，因地制宜、多规合一编制国土空间规划、产业发展规划和村庄建设规划等，优化农村生产生活与生态空间布局，聚焦重点区域，打造精品工程，重视乡村休闲旅游等新产业发展用地问题，安排不少于10%的建设用地指标，优先保障产业发展用地需求。

（2）确权登记，分类处置。组织对宅基地和农房利用现状及违法违规问题进行摸底调查，全面开展全区宅基地使用权确权登记颁证等工作。对不同类型的"一户多宅"进行分类，明确处罚补办、退出回收、拆除复垦等处置办法。建立宅基地腾退置换奖励机制，允许村民通过自愿协商等手段将原有宅基地和房屋有偿调剂给申请宅基地建房的本村其他渔农民。鼓励村民进城落户，对已在城镇购房定居或愿意进入城镇规划区定居并自愿退宅还耕的，应给予适当奖励；渔农民放弃宅基地后，其农村集体土地承包权益不应受到影响，作为集体经济组织成员身份享有的政策待遇应保持不变。对废旧土地进行开垦整理，适宜作为经济建设的可作为集体建设用地使用或流转，发展壮大集体经济。

（3）统筹收储，综合施策。盘活闲置农房，由国企平台统一收储、出租，用于经营。利用闲置农房预收预储，统筹引进投资，综合开发利用。通过储备平台的方式运作，资源更集中，吸引投资主体更有效率。统一收储的农房，整体规划开发。提升在闲置农房修缮改造、收储流转、金融服务、产业发展、农村基础设施方面的政策支持力度，吸引了更多社会资本参与激活闲置农房。采用企业入驻促激活、乡贤反哺促激活、农旅融合促激活、农村电商促激活、文化引领促激活、村民集资促激活、改造提升促激活、统一管理促激活，推进产业融合、产村融合，强化农村一二三产业融合。统筹美丽小岛、美丽乡村、美丽风景带建设和各项支农资金，充分挖掘激活新业态，打造一批民俗特色村、乡村旅游目的地、健康养生基地、艺术创作中心和文旅商综合体。

第五篇
乡村旅游发展与共同富裕

德清县：发展民宿的"莫干山"现象

2007年第一家"洋家乐"民宿——裸心乡的诞生，拉开了德清莫干山民宿发展的序幕。2013年德清为"洋家乐"申请商标，加强对民宿产业发展的布局引导。2014年，德清民宿迎来了快速发展期，大部分民宿在这一年以后开业。环莫干山洋家乐乡村旅游区被评为中国首批乡村旅游创客示范基地；莫干山洋家乐被评为国际乡村旅游度假目的地；2017年，德清洋家乐正式被评为全国首个服务类生态原产地保护产品。《纽约时报》将莫干山评为全球最值得一去的45个地方之一。德清民宿的数量增长、品质提升、价格水准都成为全国标杆，形成了典型的"莫干山现象"。德清也通过高质量发展民宿产业，一方面完善基础设施配套，推动乡村人居环境提升，实现村村景区化；另一方面引入国际化旅游业态，成功实现了Discovery探索极限基地、路虎体验中心等国际化产业与莫干山乡村融合，努力探索城乡全域美丽、收入均衡的共同富裕之路。截至2020年底，德清县洋（农）家乐共有878家，床位11300余张，餐位25000席，从业人员6000余人。2020年全县乡村旅游接待游客962.3万人次，同比增长8.7%，实现直接营业收入39.4亿元，同比增长6.3%。全县农民人均可支配收入达38357元，增长6.5%，城乡居民收入比缩小至1.62∶1。

一、民宿产业发展的主要做法

在德清县推进城乡共富的实践中，最有价值的尝试在于突破乡村经济发展的"瓶颈",补齐共同富裕的短板。

1. 勇于改革,促进城乡要素双向流动

德清县以户籍制度改革为突破口,是浙江省内最先取消农业与非农业户口划分的县域之一,截至2018年全面并轨了33项依附于户籍的差异化政策,县域居民全面实现同等待遇。以此为依托,德清县积极推进落户农民农村"三权"维护和自愿有偿退出机制,开展了"多规合一"、"农地入市"、"坡地村镇"试点、宅基地"三权分置"等多项改革,在保障农民财产权利、有序推动农业转移人口市民化的同时,为乡村美丽经济发展,包括莫干山规模民宿拓宽了"地""钱""人"要素供给新通道。例如,全国著名的裸心谷项目是浙江省第一个点状供地项目,醉清风度假村是浙江省第一宗农地入市项目,破解了长期以来高端"洋家乐"用地规模大、供地难的问题。上皋坞村以集体土地和厂房使用权参与宿里(民宿)建设投资,集体经济每年增收20万元。这些改革红利的持续释放,为进一步缩小城乡差距提供了新动力,也推动了莫干山民宿产业的高质量发展。

2. 规管并重,以可持续发展推动共创共富

结合"多规合一"的试点工作,德清县民宿发展规划与县域总规、土地规划、环保规划等充分衔接,在《莫干山国际旅游度假区总体规划(2018—2035年)》的框架下,德清县政府还专门编制了《德清西部地区保护与开发控制规划》,进一步推动莫干山民宿的可持续发展。德清的民宿管理也创下多个"第一":出台了全国首部民宿管理办法、制定国内首个民宿地方标准、开办首家民宿学院、成为全国首批乡村旅游创客示范基地和全国首个服务类生态原产地保护产品,由德清县积极参与起草制定的《乡村民宿服务质量规范》国家标准,已于2020年10月正式发布。

德清从为"洋家乐"申请商标开始，致力于引导莫干山民宿从单一住宿业态向产业集群转变，聚合餐厅、咖啡馆、茶室、书店、农场、文创、自然教育等业态空间，成熟的规划与管理体系，实现了莫干山民宿的可持续发展，也吸引了越来越多的返乡创业人才，超2/3的莫干山民宿由返乡农民创办。复合式产业模式也带动了全国首家村级返乡创业协会的成立，全县现已开办农民专业合作社298家、家庭农场400多家，呈现出全民动员、全民创业、共同创富的情景。

3. 提质控量，推进民宿产业优质健康发展

德清一方面严格控量，坚持民宿准入退出有依据。对民宿项目实施预评价联合审批，并精心甄选民宿（项目）业主，把最好的资源配置给最好的项目。2016~2020年，71个项目上会，淘汰13个，淘汰率近20%。完善民宿违法经营查处联动机制，对达不到标准的限期整改，整改后仍达不到要求的取消经营资格，目前已取缔9家。另一方面积极提质，以争创莫干山国家级旅游度假区为目标，坚持国际标准，重点聚焦旅游集散、景区交通、旅游厕所、标识系统、景观节点等的改造提升。投资1亿元持续改善旅游集散网络、管网设施等区域内旅游公共配套设施，为民宿发展提供优质平台支撑。举办莫干山民宿论坛等活动，真正确保莫干山民宿经营服务理念与时俱进。到2020年底，德清县共有25家民宿获评浙江省首批白金级、金宿级和银宿级民宿，在省内处于领先地位；同时打造了裸心、西坡、大乐之野、芝麻谷等一批高端民宿品牌。

4. 集成示范，以产村融合推动农村农民增收

德清县以乡村振兴集成示范试点为引领，深入推进农村产业融合发展。在莫干山民宿发展的基础上，积极打造莫干山国际乡村未来社区，开展仙潭村产村融合田园综合体、莫干山旅游度假产业联盟平台、莫干山国际乡村未来社区文创孵化基地等17个村庄综合改革建设项目，利用"村+企业""村+创客团队"等村庄经营模式，探索村集体经济增收新机制、新途径。围绕壮大村级集体经济收入，特别是围绕加快"土地流转"，德清扎实开展"死产"变"活权"工作，积极引入空中游览、山地运动等丰富的旅游业态和裸心堡、开元森泊等高端休闲度假项目，实现美丽乡村向美丽经济的积极转化。截至2020年底，德清已全面消除经营性收入50万元以下行政村，更有村集体经济年收入超2800万元，居湖州市第一。

5. 产业增效，实现产品多元增收多样

近年来，莫干山民宿产业发展实现了与文创、体育等行业的深度结合，例如，拥有木亚创客、大乐之野工作室、凯乐石工作室、云鹤山房等10多个从事艺术设计、文案创作等的创客基地；先后举办了中国·德清莫干山国际登山旅游节、全国山地自行车公开赛、TNF100越野赛等大型体育活动，山浩户外运动基地和Discovery探索极限基地项目分别成为浙江省运动休闲旅游示范基地、中国体育十大创新示范项目。随着莫干山民宿"洋家乐"的集聚化发展，德清县乡村旅游发展态势迅猛，带动了金融、客运、餐饮、建筑装修、农副特产等产业发展，拓展了农民增收渠道。到2020年底，德清西部农房出租共计260幢，年收入1000余万元，平均每幢每年收入6万多元，具有一定区位优势和较好景观资源的村民房屋，年租金则达到8万元以上。"洋家乐"吸收县内直接从业人员6千余人，为乡村旅游配套的商店、交通等旅游相关行业吸收县内从业人员2万多人，平均年人均收入4.5万元左右。同时，大量的有消费实力的游客涌入农村，带动了茶叶、笋干等特色农产品与土特产的销售，让农民尝到了生态富民的甜头，真正把叶子变成了票子。据不完全统计，全县旅游共计带动农民财产性收入近亿元。

二、民宿产业发展的体会与思考

德清莫干山民宿十年的发展历程，铸就了"洋家乐"高端民宿品牌。着眼于未来，莫干山民宿产业与德清西部乡村振兴工作密不可分，因此，莫干山民宿发展需要放到德清推进乡村振兴实现城乡共富的框架中来谋划和思考。

1. 以客户导向做好产业发展配套

莫干山民宿能在十多年的时间内迅速崛起，别具一格，与其产品特色切中经济发展的阶段、消费者的心理，以及德清乡村的区位优势和文化特质密切相关。在乡村振兴大背景下，产业模式在全国范围内迅速被推广，这对"原产地"提出了更高要求。一方面，德清鼓励民宿创新融合，以"民宿+"的方式，将文化体验、民俗活动、运动休闲、科普研学等融入产品设计，开发定制游、深度游产品和线路，引导民宿参与美丽乡村经营，将"小民宿"概念融入"大乡村"。如庙前村莫上隐等民宿参与乡村经营，实现共建共享；云起琚和台湾专家合作引入萤火虫培育观赏项目，开展"民宿+生态研学"旅游，均在尝试拓展发展空间，实现多元经营，提升竞争力。另一方面，德清完善产业配套，为产业发展做强平台。德清以争创国家级旅游度假区为抓手，持续补足"吃住行游购娱"全产业链，积极引进配套项目，大力发展精品餐饮、特色购物等业态；进一步完善停车场、供水等基础设施，积极发展多元化交通方式，以提升游客的度假体验，吸引更多游客以及回头客，以期实现以民宿发展反哺乡村振兴。

2. 以大数据手段摸准产业发展脉搏

德清依托地信小镇的优质资源，一直走在浙江省数字经济创新发展工作的前列。近年来，德清结合全县城市大脑建设工程，积极建设智慧旅游项目和数字乡村一张图建设，通过数据集成，在莫干山旅游集散中心以及各村铺开。截至2020年底，试点已实现旅游服务、数据采集、应急指挥、安全管理、指挥营销等功能。大数据的应用除了改善游客体验和管理水平，也为服务力量配置和行业发展提供了可供分析的客户数据。在行业管理上，德清依托浙江省民宿管理平台，加强行业数据采集、统计，通过与院校等研究机构合作，进行行业分析和预判，进一步提升行业管理精准度。在乡村研究上，可通过大数据将行业数据与乡村数据联动采集分析，为行业发展提供了更完整的参照坐标，也将为乡村集体经济发展提供更多机会和可能性。

3. 以城乡共富引导产业发展布局

城乡最大的差距在于基础设施与公共服务。在开展乡村振兴建设的过程中，德清注重实施均衡协调发展推进共同富裕，将支持莫干山民宿项目发展与乡村振兴工作相结合，致力于人居环境提升与产村融合发展。通过正在实施的莫干山未来社区、乡村振兴产业发展示范、乡村振兴集成创新等项目，实施"片区组团"行动，将乡村资源要素集聚、村集体经济发展壮大、社会资本、引进农民增收等课题融通考虑，探索从政策扶持、项目建设、资金引导等多角度、多层面给予引导，推进莫干山民宿继续成为德清乡村高质量发展和城乡共富的引领产业。

后岸村：从吃"石板饭"到吃"旅游饭"的美丽蝶变

后岸村位于浙江省天台县街头镇西南部，距县城34公里，全村共520户1727人，村域面积4.55平方公里，毗邻唐代诗僧寒山子隐居地寒明岩，"十里铁甲龙"横卧村前，天台母亲河始丰溪蜿蜒过村。从清代开始到20世纪90年代末，后岸村一直都是远近闻名的"石板村"，依托几百亩石矿资源，家家户户做石板生意、当采矿工、吃"石板饭"，但也为此付出了破坏山体的环境代价和牺牲村民健康的代价。从2008年以来，后岸村深入践行"绿水青山就是金山银山"的发展理念，尊重自然规律，即"尊重自然、认识自然、保护自然、改造自然"；发挥主观能动性，即"人人勤劳、人人创业、人人团结、人人致富"，探索走出一条从卖石头到卖山水空气、从吃"石板饭"到吃"旅游饭"、"生态文明＋共同富裕"的先美丽再振兴的乡村振兴"后岸模式"。截至2020年底，全村有农家乐82家，床位2200多张，餐位5000多个。2011~2020年，村集体经济从10万元跃升到528万元，农民人均纯收入从6000元增至5.4万元。

一、"观念"破题，因村制宜找准发展路子

20世纪90年代，后岸村的村集体收入曾高达24万元，但是村内粉

尘飞扬、污水四流，全村变成了一个采石加工场。更为严重的是，村民的健康拉响了警报。2007年石矿关闭后，大部分村民找不到新的谋生手段，村集体收入也从原先的20万元直接降为零。2008年，村组织和村"两委"干部利用各种资源向外输送村民进城打工，相继派出400余人，但收效甚微。为了谋求新出路，后岸村"两委"干部提出在村里搞农家乐的想法，带着部分村民到浙江省各地农家乐特色村取经，最终从磐安县乌石村取得"真经"，决定依托周边景点优势和清丽隐逸的乡村风情，大力发展农家乐休闲旅游业，开拓发展致富的新路子。短短几年，后岸村发生翻天覆地的变化，从单一的农家乐已发展成为集漂流、登山、垂钓、观光、采摘、餐饮、住宿及商务接待于一体的综合性休闲度假村。

二、"村貌"换颜，持续发力建设美丽乡村

后岸村抢抓机遇，以"千村示范，万村整治"工程为契机，实施全域规划、全域设计、全域整治，对"空心村"实施改造。把全村当作一个景点来设计，把每户当作一个小品来改造，按照"拆违建、清溪流、堆整齐、扫干净、种满园、点漂亮、增收益、人和谐"理念，统筹推进农房改造、治水拆违、穿衣戴帽、垃圾分类、美丽庭院建设，高水平建设美丽乡村。借助农房改造政策，共拆除老屋87户278间。开展老宅"穿衣戴帽"改造，使各类建筑渗透文化元素，呈现古民居风貌。以庭院为最小单元，开展先锋庭院、巾帼庭院、青春庭院、美丽庭院系列创建活动，以点带面改善村容村貌，大环境与小环境同步发展，让居民"看得见山、望得见水、记得住乡愁"。

创新"变废为宝"举措，修筑石文化一条街，改建原村影剧院为文化大礼堂；探索"由虚到实"理念，发掘寒山隐逸文化，再现"和合文化"、传统婚嫁节目、传统美食；坚持"无中生有"，建成农副产品交易

市场、游客接待中心，开发始丰溪漂流、趣味垂钓区、生态停车场，新增亲子乐园、练武场、锯木场等旅游项目，把后岸桃坞、寒山文化、石文化等地域特点充分渗透在吃、住、行、游、购、娱等旅游要素中。

为营造乡村秀美的田园生态环境，在村庄内大面积种植银杏林、红枫道、蜡梅丛等植物景观；在村外建成百亩油菜园、百亩葵花园、百亩梨园、千亩桃园、千亩杨梅园、千亩荷花园，让游客在后岸一年四季有花可赏，有景可看。同时，全区域推行垃圾分类行动，启动"乡村振兴，巾帼双争展风采暨垃圾分类公益嘉年华"项目，引导广大妇女主动加入到农村生活垃圾分类中，以"信心、匠心、爱心"助力环境革命，打造时时处处好风景，全域大美让人向往。

三、"模式"创新，建章立制规范运行管理

面对传统农家乐经营分散、收费标准不统一、服务质量有优劣的发展困境，后岸村坚持"一个村就是一个宾馆、一个企业"的理念，探索统分结合、公私共赢的"公司合作制"运营新机制，村集体成立寒山旅游公司，实施以村办农家乐为龙头、户办农家乐为集群、公司化运作的集约经营模式。

公司合作制主要体现在"四统一"模式上。统一宣传营销，即制作宣传片，通过各级电视台进行声像宣传；成立营销队伍，通过对接沪、杭等地旅行社进行精准营销。统一分配客源，即由村办公司统一接待旅游团，公司根据客源情况，按照一定的顺序轮流分配，确保每个经营户都有客人。统一服务标准，在硬件方面按照省四星和五星级的标准加强接待设施建设；在软件方面定期组织专题培训，提高经营户接待水平。统一内部管理，即制定一整套制度，每户农家乐必须张贴上墙并无条件遵守，村里实行日常监督和定期检查。

以激励促发展。对村内第一批主动报名要求办农家乐的农户，给予每个房间3000元的补助；第二批给予每间2000元的补助。对想办农家乐但缺资金的农户，由村集体担保，每户可随时向银行贷款5万~10万元；对没条件办农家乐的农户，村里鼓励支持他们发展生态农业，产品卖给经营户和游客。渐渐地，少数村民开始尝到甜头，原本持观望态度的村民也纷纷加入创办农家乐的队伍中来，当起了农家乐老板。为满足不同层次游客的需求，后岸村推出中高档主题农家乐、民宿，为游客提供分级化服务。如隐泉民宿、遇见民宿等精品民宿节假日"一房难求"，年收入达50多万元。

四、"多产"融合，整合资源焕发旅游活力

后岸村突出乡村自然资源优势，重点挖掘当地生态旅游、民俗文化内涵，开发形式多样、特色鲜明的乡村旅游体验项目，举办丰富多彩、互动性强的乡村特色文化演艺和节庆活动，调动当地村民的积极性和创造性，在给游客带来独特旅游体验的同时获得参与感和满足感，实现共同富裕。

遵循全村群众都能受益的理念，拉长产业链条，使农家乐和农业、加工业互补互促，使村民勤劳致富，形成"人人勤劳、人人创业、人人致富"的社会主义价值取向，让村内没有一户闲人，田地没有一块撂荒。村集体给每位农户担保，可随时向县农村合作银行贷款3万~5万元发展种养殖业。

在生产过程中，由村干部负责监督农产品质量并协同将收获的农产品供应给全村农家乐，解决农户销售难、价格低等问题。对于馒头、年糕等用量大的菜点，村农家乐协会出面定点集中生产，避免个体独户耗时费力。引导部分农户做大工艺品加工和自酿黄酒生产，把产品批量供

应给游客。2018年7月,台州市首家综合性乡村振兴学院落户后岸村,培育提升了一批"土专家"、"田秀才"、"新农人"和"农创客"。截至2020年底,后岸村不仅400多名外出村民回来了,还引来了200余名外乡人。

突出政府体现带、农民体验卖,精心组织"一乡一节"活动,以农助旅、以旅富农。后岸村创造性地搭建了"采桃节""荷花节""杨梅节""开羊节""宰猪节""年糕节"等诸多平台,一月接一月,一季连一季,淡季变旺季,长年兴盛不衰。针对游客群体中老年游客占比较高的情况,后岸村别出心裁地将体育文化导入其中,建起上档次的体育馆,全国中老年气排球夏令营、全国垂钓比赛、浙江省老年门球赛等大型休闲运动赛事等都将这里当成首选之地。如此多的创新举措,吸引了诸多来自长三角地区的市民来后岸休闲旅游。游客人数连年递增,尤其是逢年过节更是游人如织。

黄沙岙："四轮驱动"让小渔村走向共同富裕

黄沙岙位于定海区新螺头村西南面，村庄背山面海，辖区面积800亩，核心区域约150亩。村民世代以农渔业为生，生活简朴。近年来，随着乡村振兴战略的实施和美丽乡村建设，黄沙岙坚持"气质引领、活化资源、主客共享、抢抓机遇"四大理念，通过实施"外来资本驱动、闲置资源驱动、乡村文化驱动、共治共享驱动"四轮驱动，大力推进洁净乡村行动，积极拓展休闲旅游、体验研学、低碳智慧等美丽经济，优化村庄经营，壮大新型村级集体经济，不断激发农村内生动力，让农民钱袋子鼓起来，让农村集体富起来，持续探索新时代乡村共同富裕的新路径。2020年，新螺头村集体经济收入达到402万元，村民人均纯收入达到2.7万元，同比增长5%。新螺头村连续两年列入定海美丽乡村周现场展示点位，在2020年定海区美丽乡村创建评比中获第二名，先后被评为"整洁村庄""市级美丽乡村精品村""省级美丽乡村精品村"，并已申请评定浙江省3A级景区村庄，启动省级美丽宜居示范村建设。

一、实践做法

黄沙岙共有房屋80多处，多以防腐石叠砌平房为主，每一栋老宅均设围合式院落。随着城镇化进程加快，村民大多外出务工，黄沙岙多处农房闲置,逐渐向空心化发展。为加快实现乡村全域美丽,黄沙岙深入践行"绿水青山就是金山银山"的理念,立足山海特色资源禀赋,挖掘、整合、彰显乡村各类资源,大力发展美丽乡村经济,致力打造能产生共鸣、能衍生内容、能引人入驻、能产生经济关系的宜居宜游式新乡村社群,加快构建让游客"看得见山、望得见海、记得住乡愁"的乡村特色空间体系。作为保存相对完好的沿海民居风貌自然村落,黄沙岙积极盘活闲置农房,引入"非岛·年轮公园"文旅项目,租赁改造闲置农房40余幢,使之成为美丽乡村建设下的"新乡村社群"。

1. 打开通道,引入资本合作共赢

为强化美丽乡村建设资金保障,黄沙岙不断扩大项目发展平台,深入挖掘可借力资源,积极引入外来资本,探索整村置换、土地流转参与业态开发,民宿经营由低小散乱、单打独斗向整体规划、集群抱团发展,有效带动村集体经济增长和原住村民增收,创新开辟整村开发、集体增收的新路子。同时,积极用好配套政策措施,协调企业与村、村民与企业、村民与政府之间的关系,保障美丽乡村建设持续稳定发展。已成功引入"非岛·年轮公园"文旅项目,计划投资1亿元,初步形成政府配套建设、企业开发民宿的资本引入良性发展的示范模式。项目遵循文化传承、场地修复、功能复活、促进共生的设计理念,对黄沙岙的传统渔村风貌进行保护和传承,植入度假屋、书局、大师工作室、户外活动等新兴功能业态,打造集国际艺术集合、农事观赏体验、乡村休闲旅游为一体的乡村文创综合体。截至2021年5月,已签约租赁闲置农房20幢,投资约3000万元。

2. 共治共享,积极转变村民观念

美丽乡村建设周期长,经济红利无法一蹴而就,村民对涉及切身利

益的政策处理往往持观望态度，部分村民甚至会出现抵触心理。为转变村民思想观念，黄沙岙坚持党建引领，成立舟山市首家乡村振兴党建联盟，打通市区和基层的工作串联渠道，共享班子建设、制度建设等党建资源，由党员干部带头积极关注群众思想动态，以理以情来打动群众，引领村民参与乡村建设，激活乡村振兴动力源。打造"黄沙守岙人"乡风文明品牌，积极引导村民参与黄沙岙美丽乡村建设和发展，吸纳返乡创业者、乡村振兴外来投资者、复转军人共同守护、守望，成为"黄沙守岙人"的忠实践行者，不断丰富完善品牌内涵，提升村民守护家园、建设家园的主人翁意识。群众是美丽乡村建设的参与者、建设者，更是最终受益者，引导村民树立共治共享理念，有效保障美丽乡村建设，携手筑起一条奔向共同富裕的道路。

3. 培育特色，植入丰富本地业态

美丽乡村建设不能千篇一律，文化植入也不是简单堆砌。黄沙岙精准把握自身"新乡村社群"的独特定位，深化"每一座房屋都是一段历史、每一棵大树都是一个故事"的发展理念，结合海岛乡村优势，深入挖掘海岛文化、渔农文化、传统文化等特色文化资源，在兼顾功能、建造美观的基础上，开发并植入本地丰富业态，打造以秘境旅居、青鸟研学、恣意生活、乡村漫游、匠心营造、零碳追求、智慧服务为主的乡村特色"理想村"。目前，黄沙岙分为心月湖漫游营地、雁来坪广场、非岛·秘境度假屋群、青鸟研学基地四大区域，拥有心月湖、东篱茶园、大树下、祥云台、灵石壁等众多景点，成功植入度假屋群、非岛书局、唯珢学堂、匠人工坊、精灵花房等诸多业态，曾合作举办过乡村音乐节、诺曼营、东篱采茶、风雪骑行、山地村跑等丰富活动。黄沙岙以特色鲜明的海岛乡村定位和丰富多样的文化底蕴，吸引周边游客前往游览研学，推动美丽经济可持续发展。

4. 追求时尚，体验零碳智慧服务

通过建设零碳住宅、游客村民绿色出行、丰富绿化、循环利用资源等路径，最大限度降低碳排放，打造绿色零碳旅游新体验。以黄沙岙定海台房、海星民宿、社群服务中心、非岛书局四幢房屋为试点，通过合理设置建筑朝向、门窗位置以及运用天窗采光，尽可能实现被动式采光通风；在施工过程中，大量使用旧房建材和可回收建筑材料，减少材料运输距离，降低碳排放。通过丰富绿化、生态修复等手段，提升黄沙岙活立木蓄积量，黄沙岙植物覆盖率由 2018 年的 87% 提升至 2021 年的 92%。充分利用村岙自然净化空间，采用坑塘净化系统、人工湿地等技术，实现生活污水和雨水低能耗处理和净化利用。此外，以农作物秸秆、餐厨垃圾、杂草为原料制造有机肥料，增加废弃物的利用途径，实现废弃物的综合利用。同时，积极做好低碳旅游宣传推广，邀请同济大学教授讲解"碳达峰""碳中和""碳汇"等理念，将"净零碳"理念植入乡村旅游，推出两条连通全村的乡村徒步路线，建设一条风景秀丽的登山徒步专用道，打造低碳旅游休闲方式。引入智慧导览系统，通过线上手绘地图实现掌上游黄沙岙，成功打造可视化、可阅读建筑，用户可以通过扫描点位二维码阅读景点介绍。目前，黄沙岙核心景区的所有点位均实现智慧导览系统全覆盖、核心点位解说二维码均已生成，让游客更便捷、更深入、更全面地了解黄沙岙，打造生态美、生活美、服务美的智慧新乡村。

5. 强化管理，激发干事创业合力

美丽乡村建设和推进共同富裕工作体量大、涉及面广、项目繁杂，由于大幅增加的工作量，街道、村级组织及个别干部可能会出现畏难情绪。为实现大发展、快发展，黄沙岙强化考核管理，将美丽乡村建设成

果纳入组织工作考核，将集体经济增收与村级干部年终绩效考核挂钩，激励各级干部当好项目接洽人与"跑腿者"。进一步健全管理机制，深化完善村级小微权力运行工作，规范各项事务的管理运作。同时，出台领导与行政村对口帮扶、干部与项目对口负责等相关扶持政策，鼓励村干部、机关干部或乡贤克服"等靠要"思想，树立崭新的工作理念，创新工作实施方法，坚定干事创业的决心，激发干事创业的强大合力。

二、体会和思考

浙江省委十四届九次全体（扩大）会议指出：共同富裕美好社会是社会结构更优化、体制机制更完善的社会形态，核心在于通过大力推进科技创新、数字化与绿色低碳的融合聚变，创造新机遇、新动力，推动生产力和生产关系、经济基础和上层建筑的深刻变革。

美丽乡村建设作为发展绿色低碳经济、缩小城乡差距、实现共同富裕中的关键环节，意义重大，应从规划引领、人才储备、品牌培育三方面着手，着力缩小城乡发展差距，高质量实施乡村振兴战略，让人民群众真切感受到共同富裕看得见、摸得着，真实可感。

1. 实现共同富裕需进一步加强整体规划引领

科学规划是美丽乡村建设实现可持续发展的重要保障，打造美丽乡村必须从全局考虑，在规划上下功夫。定海区虽已编制《新螺头村域整体设计规划》《新螺头村黄沙岙详细规划设计方案》和部分景观节点设计等文本，但从长远来看，对于美丽乡村的整体规划不够超前，基础设施、村容环境、公共服务、产业发展、智慧村社、零碳发展等涵盖内容仍不够宽泛细致。另外，美丽乡村发展的绿色通道有待进一步贯通，如专业部门还没有出台对于民宿特色改造的相关政策，乡村旅游产业的评价指导体系有待进一步完善。要从整体规划入手，完善基础设施"四平一通"，加快实施土地"三权分置"改革，及时流转或统一收储土地山林、闲置农房，为产业发展特别是乡村旅游和民宿经济发展奠定基础。

2. 实现共同富裕需进一步增强乡村人才储备

美丽乡村建设需要各方面的人才，例如，建筑景观设计、房屋建设需要工程人员的专业参谋，业态策划需要运营人才的创新思维，政策处理需要法律人才的托底，后期运营则更需要管理人才的入驻。然而，定海区各乡村年轻人多在外打拼，只留下老人留守，空心化严重。吸引优秀青年、专业人才回乡创业的举措不多，美丽乡村建设的人才缺失现象非常普遍。要从人才创新入手，出台相关扶持政策，围绕"特色"做文章，挖掘海岛文化、渔文化、红色文化等特色文化，鼓励各类人才入驻乡村，参与开发更多业态，打造"网红村"。

3. 实现共同富裕需进一步培育乡村振兴品牌

紧扣"黄沙守岙人"这一主旨内涵，实施"四守"工程，深入挖掘提炼，抓实精细化管理。"守护"工程，丰富黄沙岙厚重的历史感，倡导黄沙人主动守护黄沙岙的历史、守护黄沙岙的颜值，成为黄沙岙的"颜值管家"；"守望"工程，发动黄沙原住民、来访者、打造者，守望正在蝶变的黄沙岙，为黄沙岙争取每一个机遇；"守信"工程，构建1个社群服务中心＋N个户内外研学基地，带动黄沙人坚定信仰、坚守信念；"守心"工程，以党建引领发展、军民融合凝聚人心，着力培育乡村社群体系。要着力将不同群体、不同兴趣爱好、不同专业背景的人——只要和黄沙息息相关，共同构成和而不同的群体——黄沙守岙人，共同坚守、信守、呵护、建设美丽新黄沙。

温岭市：打造革命老区"富春山居图"

近年来，温岭市以乡村振兴战略为指引，积极开展美丽乡村建设，围绕"三港三湾"美丽乡村示范区和美丽经济带，高起点规划，高标准实施，充分发挥"一事一议"财政奖补撬动作用，助推乡村增美、产业增效、村民增收，打造富有温岭山海特色的乡村振兴先行示范区和新时代美丽乡村建设示范区。2018年10月，温岭市被列入浙江省"一事一议"财政奖补助推美丽乡村试点市，随后，温岭市确定了坞根镇街头、红山、廻龙、花溪、白璧五个村为"一事一议"助推美丽乡村项目试点村。试点村落位于中国工农红军第十三军第二师的诞生地，以花坞溪区块为核心，围绕基础设施、人居环境、公共服务、产业发展、乡村治理等方面整体谋划，创新美丽乡村经营方式，积极发展业态多样的乡村产业，推动美丽乡村提档升级，促进村美、民富、人和，打造革命老区"富春山居图"。截至2021年8月，美丽乡村精品村、特色村覆盖率达76%，景区村庄覆盖率达100%，其中3A景区村庄覆盖率达37.5%，2020年累计吸引游客20余万人次，新增就业岗位2000余个，带动旅游消费3000余万元。

一、新时代美丽乡村建设的实践

1. 以区域景区化构建秀美乡村新面貌

着眼乡村振兴战略，以生态为基，真正让乡村成为群众美好生活的有力依托。

（1）以"整洁干净"为底色，让美丽乡村建设更具品质、温度。重点开展环境综合整治、"三改一拆"、"五水共治"等专项工作，重整乡村秩序，腾出发展空间。实现"垃圾革命""公厕革命""庭院革命""污水革命""田园革命"区域全覆盖，农村人居环境焕然一新，花溪、红山村成功创建浙江省垃圾分类试点村。

（2）以"景区村庄"为契机，让美丽乡村建设更加宜业、宜游。以特色点睛，遵循乡村发展肌理，挖掘自然禀赋和民俗人文，形成"红色花漫"主题村落群。花溪、红山、白璧、廻龙建成美丽乡村精品村，花溪建成省3A级景区村庄，红山、白璧建成省2A级景区村庄，廻龙建成省A级景区村庄，花溪获评浙江省休闲旅游示范村，2021年1~7月，接待游客45万人次，累计旅游总收入3500万元，美丽乡村试点工作成为温岭最靓丽的名片之一。

2. 以产业驱动塑造红旅融合发展新格局

以美丽乡村连片开发为重点，按照红旅融合发展总体思路，五村合力构建花坞溪红色文旅区，全面激活美丽经济新格局。

（1）"做优"，充分放大试点村红色资源优势。引进"红军谷"大型素质拓展训练基地，全面修缮红十三军二师纪念馆、红色放映厅、红军毅行道等11处红色革命遗址，推出《大坞风雷》红色舞台剧，打造一条近10公里的红色旅游精品线，主推"一次坞根行，一生红军情"。2021年1~7月，红十三军二师党性教育基地成功创建浙江省级红色旅游教育基地和浙江省党员干部教育基地，接待各类现场教学353期，10590人次参加学习调研。

（2）"补短"，改变试点村旅游经济发展模式。培育农耕文化、传统文化等文创新业态，从单纯"卖产品"向"卖文化""卖体验"转变。

如在花溪村提升传统文化体验,古装秀、抬花轿、蹴鞠、射箭、木射等非遗活动产品正在进一步丰富,成功创建台州市非遗小镇。

(3) "拉长",围绕试点村农旅融合做好"长宽"两篇文章。"长",即延长农业产业链条。建成红山村土豆种植基地、廻龙杨梅精品园等一批旗舰型、引领型农业项目。完善农合联产业服务平台,推进"坞根N28.3°"公用品牌培育,挖掘极具品质特色优势的坞根大米、红糖、紫菜等"小特产",打造极具地域特色和场景化的健康休闲农产品与旅游伴手礼,提升农产品附加值和农民收入,促进小农户和现代农业发展有机衔接。"宽",即着力打造覆盖全时、全景、全域的农村节庆嘉年华。如通过举办花坞戏剧节、生蚝节、乡村旅游节等节庆活动,吸引游客30万人次,带动农民创收560万元。

3. 以资源整合实现美丽乡村试点创建新作为

(1) 政府项目合力。统筹"一事一议"财政奖补助推美丽乡村试点、美丽乡村精品村特色村创建、景区村庄建设,将项目资金整合使用,做到"多个渠道进水、一个池子蓄水、一个龙头放水"。整合投入资金6000万元,推进花坞溪景观提升、花坞溪荧光漫步道、"红军谷"游客服务中心、农合联产业平台、乡创中心、花坞溪试点村落风貌提升、花坞溪公共配套及文化提升等工程,五村抱团连片打造花坞溪景区。

(2) 社会资本招引。试点区块落地"红军谷"素质拓展训练基地,引进时光邮局、农信钱庄、喜雨山房、爱情驿站、琥珀缘、寄语茶絮、乡宿精品客栈等13家文创品牌,筹集社会资金4500万元,积极培育旅游发展引擎。

(3) 村庄自营发展。通过村集体向村民回租闲置土地、收回所有荒废石屋,盘活村集体资产,参与经营,如花溪村流转石屋参与村庄开发,年增加村集体经济收入20万元。出台《坞根镇民房立面改造、美丽庭院、旅游业态以奖代补管理实施细则（试行）》，鼓励村民利用自己的手艺、特长进行规范自营，完成村民乡宿改造13户，发展乡村村民自营业态4家。开展民宿接待、家政服务、电子商务、西式烘焙、中式面点、农技提升、旅游讲解七类项目培训，累计培训3200余人次，转移剩余劳动力245人。

二、新时代美丽乡村建设的体会与思考

1. 建设项目转型，打造美丽乡村特色产业

在美丽乡村精品村、特色村建设的基础上，调整美丽乡村建设扶持方向，大力发展美丽经济。统筹土地流转、新型主体培育等组合拳，做精农业农村特色产业。做好农业"接二连三"文章，培育新型职业农民，推进景区村庄、多彩田园融合开发，构建乡村全域旅游。开发农产品旅游伴手礼，打造农产品区域公共品牌，进一步提高农产品附加值，做好"农旅融合"发展。

2. 盘活闲置农房，释放美丽乡村发展活力

打好"三权分置"改革组合拳，明确农村集体经济组织是宅基地所有权人，农户作为农村集体组织成员享有宅基地资格权，社会资本投资者可流转宅基地使用经营权，鼓励有规模、有特色、有意愿的闲置农房集中连片区域先行先试。重点推进3A景区村、美丽乡村精品村、历史文化古村落的闲置农房的开发利用，实现新经济、新业态引进，进一步拓展农村产业发展空间，真正让"死资源"变成"活经济"。

3. 创新发展举措，拓宽美丽乡村增收渠道

以农旅结合为主导，将闲置的土地资源、山林资源、房屋资源效益

最大化、最优化，做好"集体经济+"文章，提高村集体经济"造血"功能。在生态环境优良、文化底蕴浓厚的美丽乡村，大力发展停车场、民宿、集体商业铺面等服务性集体经济项目。在农业产业特色明显的美丽乡村，统筹土地流转，大力发展现代农业园区，发展集循环农业、创意农业、农事体验于一体的乡村新业态，形成"景区村庄、农业观光园、农事体验活动"三位一体的发展新格局。调动村民参与旅游开发、乡村建设的积极性和主动性，打造美丽乡村共富图景。

第六篇
农民增收与共同富裕

桐乡市：多渠道助推低收入农户增收致富

共同富裕的重点在农村，难点在低收入农户，如何在农村经济发展的基础上实现低收入农户增收是共同富裕的关键。近几年来，桐乡市认真践行以人民为中心的共享发展理念和精准扶贫方略，以缩小发展差距、提高发展质量为导向，深入实施低收入农户高水平全面小康计划，在建立解决相对贫困长效机制上先行先试，狠抓政策落实，加强资金监管，确保财政扶贫资金精准高效使用，创新推出低收入农户增收致富的扶持政策，建立完善持续增收、成果巩固和防止返贫的"闭环"机制，坚决打赢低收入农户增收攻坚战，打造沿海发达地区低收入农户共同富裕"桐乡样板"。2020年桐乡市低收入农户人均可支配收入达20529元，较2017年增长53.4%，绝对值列嘉兴市第一；低收入农户人数较2017年减少38.3%；农村相对贫困发生率降至0.9%。实现低收入农户高水平全面小康，确保了全市农村同步高水平全面小康，对浙江高质量发展建设共同富裕示范区提供了有益的参考。

一、低收入农户增收致富的主要做法

桐乡市通过实施低收入农户增收致富的财政扶持政策，为沿海发达地区实现低收入农户高水平全面小康积累了一些行之有效的经验，为解决相对贫困和实现共同富裕提供了可借鉴的路径。

1. 源头防控，筑牢底线，为规避低收入农户返贫提供制度保障

聚焦低收入农户全面发展，进一步补齐"两不愁、三保障"短板，提升低收入农户生活品质，从源头上健全防返贫机制，为低收入农户实现共同富裕筑牢底线。2020年底全市低收入农户中因病致贫占比达到68.4%，因病返贫比例逐年增高。针对低收入农户中因病因残致贫多的现状，桐乡市进一步加强健康扶贫工作，紧紧围绕"应保尽保、只增不减、应赔尽赔"原则积极开展低收入农户医疗补充政策性保险工作。将低收入农户住院医疗费用在剔除基本医疗保险、大病保险报销和医疗救助后的个人承担部分纳入赔付范围，构建起"城乡居民基本医疗保险+城乡居民大病保险+城乡医疗救助+慈善救助+医疗补充保险"五位一体的保障体系，切实减轻低收入农户的看病就医负担，力争每个低收入农户看得上病、看得起病，得了大病、重病基本生活有保障，有效防止因病致贫、因病返贫现象。桐乡市通过市场化运作、财政资金投入，为全市建档立卡低收入农户免费购买医疗补充政策性保险。2020年低收入农户医疗补充政策性保险保费标准为每年150元/人，参保资金由市、镇（街道）财政各承担50%。截至2020年底，共有6206人参保（包括在渐退期内的人员），实现全市低收入农户家庭参保全覆盖，已安排财政资金88.25万元，赔付804人次，赔付金额174.67万元。桐乡市创新"一站式"数字化理赔模式，进一步打破各部门间的信息壁垒，直接调取医疗保障局的低收入农户个人医疗费用明细表和人社局的社保卡号等材料信息，实现了线上化的直赔优化，让农户可以足不出户和零递交资料获得疾病住院补充医疗保障等项目的理赔款。

2. 创新模式，共赢发展，创新低收入农户增收模式

桐乡市切实将发展现代农业作为低收入农户稳定增收和成果巩固的

有效途径，进一步加强产业帮扶，提升"造血"功能，促进低收入农户增收致富。依托农业龙头企业、农民专业合作社、家庭农场等新型农业经营主体在场地设备、资金技术、销售渠道等方面的优势，以农户众筹出资、主体全程代管的方式，组成"新型农业经营主体＋低收入农户"长效帮扶共同体，鼓励农业生产经营主体帮扶低收入农户发展特色产业，带动低收入农户共享现代农业红利。市财政对农业生产经营主体通过提供种子、种苗、种（畜）禽等方式，帮助低收入农户创业增收的，给予种子、种苗、种（畜）禽本地市场价格100%的补助。如洲泉镇金家浜村等3个行政村、43户在册低收入农户统一出资认购猪苗，委托华腾牧业进行"飞地"饲养，并利用华腾品牌效应解决销售问题，在扣除必要养殖成本后所有收益归低收入农户，项目每年为每户低收入农户增收3000元以上。

3. 产业联盟，利益共享，为低收入农户发展创造条件

依托"田保姆、代管家"社会化服务体系，桐乡市引导种植理念先进、机械化水平高、有固定销售渠道的农业领军主体与生产面积小、地域分散的小农户和缺乏劳动能力的低收入农户抱团合作，成立粮油农机发展公司，实行统一标准、统一品牌、统一购销等，摸索出"农业企业＋基地＋低收入农户"的全产业链帮扶模式，打通粮食生产全链条，实现资源有效整合利用。市财政对农业生产经营主体带动低收入农户发展现代农业的帮扶成效明显，形成可看、可学、可借鉴的帮扶模式。直接带动低收入农户10人以上，或直接带动低收入农户承包土地面积20亩以上，经认定为农业扶贫示范基地的，按照实际带动规模给予5万～10万元的一次性补助。如石门镇的"大米抱团"模式现已覆盖石门9个村1.3万亩农田，依托桐乡市石门湾粮油农机发展公司辐射带动低收入农户170余户，带动低收入农民增收15万元以上，将低收入农户融入现代农业发展。

4. 互利合作，多头增收，拓宽低收入农民增收渠道

创新以村集体经济带动低收入农户整体发展模式，由村股份经济合作社与低收入农户共同出资，将低收入农户的承包地以"互换并块"的方式实现集中连片，建设现代高效农业"奔富大棚"项目，并委托村股份经济合作社经营或出租给其他农业主体经营，同时优先吸纳低收入农户就近就业。低收入农户以此获得土地租金、入股股金和就业薪金等收入，实现"一地三金"稳定增收。市财政对农业生产经营主体、村股份经济合作社等帮扶主体，通过合作、代管、参股等方式，新建5亩以上单体标准钢结构大棚或标准连栋钢结构大棚，带动帮扶低收入农户抱团发展现代农业的，按照最高不超过设施大棚实际投入金额的80%给予补助。如崇福镇联丰村建设20亩连栋大棚，总投资约120万元，建成后出租给蔬菜种植户，每户低收入农户每年增加"一地三金"3800元以上。

5. 广开渠道，定向扶持，为低收入农户增收创造条件

创新用工新模式，积极鼓励相关单位提供公益岗位，直接吸纳低收入劳动力就业，保障低收入农户实现就业，提高收入。市财政对村股份经济合作社、村级抱团劳务公司、农业生产经营主体，通过提供公益岗位，直接吸纳低收入农户就业，签订1年（含）以上劳动合同，支付月工资不低于最低工资标准的，给予用人单位每人每年12000元的就业补助；对临时性雇用低收入农户，年内总用工时间超过60天，且支付工资总额超过的5000元的，给予用人单位支付工资总额50%的就业补助。如2020年新冠肺炎疫情期间，大麻镇为解决外地种粮大户的后顾之忧，确保春耕备耕，村股份经济合作雇用有劳动能力的低收入农户参与到托管服务中。大麻镇一共提供了5个托管服务岗位，提高了低收入农户在疫情期间的劳动收入，低收入农户共计增加收入2万元。濮院镇永越村创

办村级物业公司,吸收本地低收入劳动力从事建设、物业、保洁等工作,带动增收致富。石门隆宸食用菌基地推出"帮扶车间"专门吸纳低收入劳动力就业。2020年,桐乡市共为低收入农户提供公益性岗位662个,实现增收550余万元。

6. 鼓励创业,资金助推,激励低收入农户自我发展

针对低收入农户贷款难、无担保等问题,桐乡市推出扶贫小额信贷贴息政策——"农康贷"。以全市认定的低收入农户为对象,以各级财政扶贫资金为支持,以农商银行小额信贷产品为载体,以帮助符合贷款条件的低收入农户发展生产、自主创业、增加收入为目的,提供10万元以内免担保、免利息的小额贷款;对低收入农户家庭子女从事农业创业创新,给予10万元创业补贴和30万元以内的农信贷款,市财政两年担保期内给予50%的贴息补助。2018年以来,全市共落实扶贫小额信贷贴息92户次,贴息补助17.6万元。

7. 产销对接,城乡融合,解决低收入农户发展的后顾之忧

通过直播带货、农业嘉年华、农产品加工投资贸易洽谈会、农民丰收节等平台,加大对低收入农户、农业产业帮扶示范基地农产品的推介力度,进一步拓宽销售渠道。市财政对低收入农户自主创业从事电子商务的,给予网络资费全额补助;对直接帮扶带动低收入农户,以及农业扶贫示范基地销售特色农产品、民间手工艺品等,金额达到10万元以上的,给予2万元补助。如2020年新冠肺炎疫情期间,河山镇依托"潘生鲜"电商平台,采用"基地直采+无接触配送"的销售模式打开消费市场,帮助低收入农户和农业产业帮扶示范基地销售农产品120余万元,既解决了低收入农户农产品滞销的问题,又保障了市民的"菜篮子""米袋子",实现互利共赢。

二、低收入农户增收致富实践的体会与思考

共同富裕是社会主义的本质要求,而共同富裕的难点是农村,尤其是农村低收入农户。桐乡市以低收入农户为对象,有针对性地进行帮扶,加快了低收入农户的增收,取得了预期效果,为共同富裕创造了条件。

1. 增收致富必须加强宣传服务

低收入农户增收致富是共同富裕的重心,是地方政府财政支农工作的重点,政府出台的政策多,扶持的力度大。各相关部门必须充分利用各类媒体,广泛宣传低收入农户扶持政策,提高政策知晓率,调动低收入农户增收致富的积极性、主动性、创造性。各乡镇(街道)、村两级按照"不落一户、不落一人"的要求,落实具体部门和专门人员负责本区域内低收入农户扶持政策落实工作,切实将低收入增收这一民生实事做实、做细、做到位。

2. 增收致富必须加大要素投入

要健全投入保障体系,建立财政优先保障、金融重点倾斜、社会积极参与的多元投入机制。统筹整合使用财政扶贫资金、信贷扶贫资金、社会扶贫资金等各类资金,引导工商资本、金融资本、社会资本等投入低收入农户高水平全面小康工程,强化资金保障,提高资金使用绩效,为低收入农户增收致富提供资金支持和政策保障。

3. 增收致富必须结合乡村实际

随着乡村振兴战略的实施和美丽乡村建设的推进,不少村农房集聚度高,建成了大量农民新村小区,小区环境卫生问题日益突出。村党支

部通过采用村集体领办、入股劳务专业合作社的办法，既激发了村级集体经济的创收热情，又通过提供公益岗位，直接吸纳低收入农户就业，保障低收入农户提高劳务收入。

4. 增收致富必须狠抓产业帮扶

解决共同富裕的基础是产业发展，要牢固树立特色农业产业扶贫理念，低收入农户扶持项目选取要以立足本地优势的特色农业产业为主，建立稳固长期的利益联结机制，既解决了低收入农户就业问题，拓宽了低收入农户的增收渠道，又增强了龙头企业、专业合作社、致富能手的引领和示范带动能力。

5. 增收致富必须完善业务管理

要规范低收入农户的信息管理，做到精准施策。重点要加强扶贫数据库和低保对象数据库的无缝衔接，地方政府各类帮扶活动统一使用经认定的低收入农户数据库。实施扶贫对象动态管理，乡村（街道）建档、县市备案，做到一户一档、一年一核，动态管理。对有条件退出低收入农户范围的，在一年观察期内仍然享受相关政策，确保其稳定增收致富。强化绩效评价，完善扶贫资金项目公告公示制度，公开项目安排、资金分配等信息，强化各类监督，确保资金安全运行。完善扶贫统计监测制度，做好低收入农户增收统计监测。

龙游县：以"异地搬迁"打造共同富裕示范样板

龙游县地处浙江省中西部，县域总面积1143平方公里，辖6镇7乡2街道，人口40.4万。十多年来，龙游县委县政府始终把推进城乡统筹融合发展作为高水平建设全面小康社会的关键大事来抓，率先试点"公司化运作、市场化安置"的农民集聚模式，按照"四个一批"（进城入镇一批、中心集聚一批、特色保留一批、面上搬掉一批）思路，坚定不移地推进农民异地搬迁集聚工程，走出了一条"小县大城、农民集聚"的新型城镇化道路。2012年12月，在全国扶贫搬迁工作与政策专题研讨会上，将浙江省扶贫搬迁工作正式命名为"异地搬迁"，并推广了异地搬迁"龙游模式"。截至2019年底，龙游县累计投入搬迁资金12亿元，已建成农民集聚小区（点）36个，集聚人口3.34万人，退宅还耕达4488亩，城市化率提高到52.73%，县城常住人口增加到37.69万人。"十三五"时期，全县地区生产总值从173.7亿元增加到247.6亿元，年均增长6.8%；2020年实现财政总收入31.7亿元，其中一般公共预算收入19.6亿元，"十三五"时期年均分别增长11.2%和9.2%；固定资产投资、社会消费品零售总额、外贸进出口总额年均分别增长8.6%、7.9%和12%；城镇和农村居民人均可支配收入分别达到51024元和26721元，年均分别增长8.3%和9.3%。

一、异地搬迁的实践

1. 大手笔投入,推进公司运作

(1) 科学选址,在用地上打破二元旧格局。牢牢把握新农村发展演变的规律和趋势,处理好空间规划、环境规划和土地规划之间的关系,舍得拿出中心城区和中心镇基础设施完备、公共服务配套、交通出行便利的好地块建设农民集聚小区,将土地性质转为国有划拨住宅用地,以建设成本价确定房屋安置价,调动农民进城入镇的积极性,大幅缩减农村人均建设用地,为中心城区建设腾出空间,实现乡村振兴与新型城镇化建设良性互动。

(2) 理顺机制,推进公司化运作。改变过去依靠政府大包大揽、全程兜底的局面,于2008年成立县奔康投资有限公司,注册资金1000万元,对农民集聚小区实行"五统一"(统一规划、统一设计、统一建设、统一管理、统一安置),小区15%~20%以内的现房、店铺由公司向社会出让,所得收入用于完善小区的公共配套设施建设,从而使小区建设始终处于"自求平衡、略有结余、滚动发展"的良好态势。

(3) 改革创新,在融资上取得政策性支持。认真做好融资工作,由县政府进行贷款担保,编制异地搬迁工程可行性报告,与中国农业发展银行深入对接,指定奔康公司为项目借款人,项目30%的自筹资金由县国资办安排,奔康公司销售安置房及排屋出让、店面收益全部上交国资办,国资办负责按期归还本息。围绕湖镇、溪口等中心镇异地搬迁小区建设,奔康公司与农发行达成2.97亿元的贷款意见,共融资6.1亿元。

2. 大整合资源,保障安置权益

(1) 整合资源,在政策上倾斜,支农惠农。按照"能整尽整、能补尽补、能帮尽帮"的原则，加强对异地搬迁、地质灾害搬迁、村庄整治、危房救助等各类政策资金的整合，并相继出台"金宅地""金房券"两大政策，创新了"安居创业"贷，在搬迁农户贷款基准利率上再下浮15%~20%，还贷期限可达10~15年，截至2019年底已累计向农户发放贷款2.5亿元，让利达2600万元。同时安置小区的有关税费"能减则减、能免则免"，尽可能降低农户购房成本，帮助农户圆了"安居梦"。

（2）公平公开，在安置上树立正确导向。严格实行"退老宅交新宅"，将退宅复垦还耕作为搬迁安置的前提条件，根据退宅面积大小对搬迁农户进行安置排序，改变抽签安置这类"看似公平实则不公"的做法，对农村迁出人口按照"721"比例进行梯度安置导控（70%进入中心城区、20%进入镇区、10%进入中心村），农户需在交回《旧宅规划许可证》及《土地使用权证》，并与村集体签订《宅基地归还协议》后，方可领取新房钥匙，确保"一户一宅"和土地集约利用政策的刚性实施。

（3）以人为本，在举措上考虑个人实际。对"五保户""建房困难户"等无能力进城入镇的农户，不搞"一刀切"，做好搬迁托底，打消思想顾虑，创新"跨村建房""宅基地换养老"等举措，向中心村能搬尽搬。对子女分家、留恋乡土的老年人，创新联村共建老年公寓等模式，让子女搬得放心、老人留得安心，解决群众实际需求，打造宜居康养的集聚点，并在入住安置房周期内，给予每户一定的安置过渡费。

3. 大振兴产业，持续帮扶管理

（1）发展产业，在集聚上扩大效应。坚持"美丽+智慧"的产业思路，在"搬迁带"上大力发展"一茶、一药、一鸡、一鱼、一盒故乡"等特色产业，加快企业的"腾笼换鸟"，淘汰附加值低、环境影响大的落后产能，同时积极推广"短平快"种养类及"长特稳"农副产品加工类项目，引导搬迁农户以贴息贷款、生产要素入股优质高效产业项目，建立稳定的利益联结机制,共享股金分红,实现"输血"向"造血"的逐步转型。

(2)转产转业,在就业上做好帮扶。按照"农民权益全保留、市民权益可享受"原则,加快农村"三权"的确权、赋权、活权,稳步提高养老保险、合作医疗、最低生活保障等标准,实现从"农民"向城市"新市民"的角色转变。围绕美丽经济幸福产业、数字经济智慧产业两大领域,通过建立小微加工创业园、组织就业技能培训、搭桥企业招工招聘,多渠道的拓宽就业,实现搬迁农民转产转业1.8万人,人均年收入近5万元。

(3)强化管理,在融入上精准服务。实行"红色物业联盟+网络支部+党员联户"的社区管理机制,并运用推广"龙游通+全民网格"创新智治模式,实现了"龙游通"3.0版App的可看、可听、可问、可办事、可留痕、可追溯,极大地推动了基层管理服务资源扁平化面对群众,提高了小区治理能力和服务水平,推进了安置小区治理体系和治理能力的现代化。

二、体会和思考

1. 异地搬迁是跨越式发展的保障

异地搬迁是实施精准扶贫、改善民生的重要内容。住在偏远山区的农户常年受交通、教育、信息和医疗等因素束缚,难以达到消除贫困、共享富裕成果的目标。"小康不小康,关键看老乡。"修路上山不如移民下山,与其花费资金修路上山,还不如正确引导农民早日"搬下山"。异地搬迁有力推进了龙游县新型城镇化、新型工业化和新农村建设的步伐,同时对促进农民分工分业增加收入、减少农村建设用地、发展现代农业、保护生态环境等方面起到了重要的推动作用。可以说,异地搬迁有力推动了地区跨越式发展,公共财政真正起到了"一石多鸟"和"四两拨千斤"的作用。

2. 加快配套设施建设是异地搬迁的基础

群众异地搬迁与购买商品房是一个道理,重点是看周边的基础设施是否健全,买菜、看病、就医和孩子上学是否方便。对于异地搬迁的选址,基础设施是群众最为关注的。只有道路交通、学校医院、农贸集市、文体设施等便民设施先行,让群众看得见、摸得着、有预期,大家才愿意搬。龙游县统筹用地空间和资金,在城区和集镇的好地段,高品质推进五个县级城区、五个县级乡镇安置小区的规划与建设,配备文化广场、活动中心等公共服务设施,方便群众办事和生活。这种基础先行、搬迁同步的做法无疑是成功的重要因素。

3. 发展培育增收产业是异地搬迁的根本

"发展才是硬道理",异地搬迁的初衷和终极目标就是要让贫困群众通过到更加适合的地方居住发展,增收致富奔小康。龙游县芝溪家园、晨东小区选址在县城范围,紧邻县城工业园区,有强大的产业支撑,能够促进山区农民居住条件的改善和下山农民的转移就业,分工分业。同时,晨东小区内规划建设了农民创业园,有效破解了下山农民转移就业难的问题。发展培育增收产业无疑是农民搬得出、稳得住、能致富的根本原因。

下山头村:"薪金+租金+股金"的村企共建新模式

下山头村位于乐清市大荆镇西部山区,是三面环山的革命老区,全村人均耕地面积不足1亩,一直是产业空白村,无产业、无出路。村里青壮年都外出打工或创业,是一个名副其实的"留守村"。原村主任,杭州珀莱雅股份有限公司董事长方玉友回报家乡,以企带村,村企共建,成立浙江聚优品生物科技股份有限公司。公司积极探索村企共建模式,以打造石斛产业为特色的诗意山水旅游村为目标,发展绿色富民产业,以浙江聚优品生物科技股份有限公司为载体,通过以企带村、村企共建、项目推动、精准扶贫,全面推动铁皮石斛一二三产业的发展;建立"以村民土地入股的利益联结"机制,采取"薪金+租金+股金"的收入新模式,大力发展铁皮石斛产业、生态度假酒店、沿河商业街、农耕乐园、石斛文创园、"铁定溜溜"休闲旅游项目等,共同打造中国石斛产业田园综合体,实现生态效益、经济效益、社会效益的有机统一,将下山头村打造成为一个集生态养生、旅游休闲和农家生活体验区、村落产业发展区于一体的村庄,为村民带来更多的就业岗位,带动农户增收。2019年下山头村实现产值2800多万元,接待游客35万人次,旅游收入400多万元,吸收周边500多名村民就业。

一、主要做法

2012年以来，围绕建设美丽乡村，珀莱雅股份有限公司出资5000万元改善村庄面貌，带动村民在确保土地集体所有权性质不变的情况下，农户以家庭土地承包经营权入股村经济合作社。在2013年出资建设浙江聚优品生物科技股份有限公司，以公司化的方式对土地经营实行规模化运作，种植铁皮石斛，调整农业产业结构，发展现代科技农业，逐步把下山头村打造成美丽乡村示范村。

1. 项目带动，规划先行

下山头村通过聚优品公司的项目带动，植入乡村旅游、特色民俗、文化创意等项目，持续促进集体经济的增长。好的规划是促进项目推进的第一保证。因此，在最初美丽乡村规划时，斥资200万元，从最初的村庄现状勘测、实地考察、分析，到后期的规划设计方案，用时一年有余。根据整体规划有条不紊地开展村庄环境整治、环村道路建设工程、污水处理工程、自来水工程、卫生改厕、村民联建公寓房项目等。美丽乡村建设初见成效后，后期聘请北京林业大学园林学院以及台湾薰衣草旅游策划的团队到下山头村进行景观规划、酒店民宿设计及"铁定溜溜"旅游开发项目规划等，整体设计规划费用达2000多万元。

2. 土地流转，保障收益

以前下山头村劳动力多向非农产业转移，加上种田效益低下，村里不同程度地出现耕地抛荒现象，现在通过土地流转，将连片抛荒地集中由村股份经济合作社通过公司投入资金、技术来开发经营，既可以防止土地抛荒，又可以实现合理利用土地，增加农民收入。实行村民出土地，以企带村，村企共建的发展模式。

下山头村在号召农户进行土地流转前期做了大量工作。村"两委"多次召开会议讨论如何既能快速发展下山头村经济，又能提高村民的幸福指数。同时，多走访其他乡村进行交流学习，密切与市、镇领导沟通现行土地相关政策。为保障入股农户的合法权益，聘请法律顾问撰写相关合同，经过多次斟酌修改，最终形成《下山头村农村土地承包经营权流转入股合同》。土地流转入股的主要内容：一是明确土地流转费，并每隔五年递增10%，每年支付一次，确保农户土地流转费不低于同期其他村庄土地租赁费用；二是入股土地期限为30年，股金按耕地3万元/亩、旱地7200元/亩计算，确保了农业开发年限及农户的入股股金；三是农户仅以土地入股，不再进行其他投入及承担经营风险，极大地保障了农户权益。

在号召农户进行土地流转的工作中，下山头村村"两委"成立工作小组，分步骤有计划进行。首先召开村民代表大会，把为什么要土地流转、流转的目的告知给村民代表和党员。然后再逐个自然村召开村民会议，把相关事宜和政策告知给农户。同时把相关农业产业化经营试点的新闻做成宣传栏内容，让农户彻底了解流转土地的目的。然后村"两委"成员再分成两个工作组，逐个小队进行入股宣传工作。这样的做法既能保证宣传到位，又能逐个解决农户入股的问题和疑虑。第一批流转土地户数达到65%，第二批30%。农民由"面朝黄土背朝天""日出而作，日落而息"的传统种植收入模式向"薪金+租金+股金"的"三金"收入新模式转变。

3. 环境整治，改善民生

2013年以来，方玉友累计投入2000多万元帮扶下山头村加强基础设施建设，进行"输血"，村内修建了5公里的环村路，并配套建设了路边绿化带及花坛，安装路灯100多盏；接通了自来水，建设了污水管网工程。下山头村全面启动联建公寓房工程，使得村民的居住环境大大改变；新建桥梁5座、拦水坝2座、景观河道1200米，以及生态公墓等，即将规划建设村文化礼堂和村民中心、乡村振兴学院、农特产交易市场等项目。2016年新的环村路建成，路面是由上海迪士尼原班人马打造，路面宽敞，颜色及花纹非常漂亮，村民无不叫好。现在清晨及傍晚饭后，环村路三三两两出来散步的村民特别多，环村路也吸引着大批的外村人休闲散步。环村路的畅通为以后的工作开展打下了坚实的群众基础。

4. 项目推动，一二三产业融合

以打造石斛产业为特色的诗意山水旅游村为目标，下山头村开展规模经营，发展绿色富民产业，以聚优品公司为载体，全面推动铁皮石斛一二三产业的发展。依托下山头村的自然资源以及铁皮石斛示范基地，一产"接二连三"，加上工商资本的投入，推进乡村生态旅游开发。

铁皮石斛产业发展稳健有序，一二三产业全面铺开。第一产业——高标准种植铁皮石斛，打造四季飘香的百果园，种植春见、蓝莓、红心柚、蒲瓜梨、方柚、枇杷等十几种水果。第二产业——延伸铁皮石斛产业链，研发铁皮石斛衍生产品。发展石斛冲剂、石斛口服液、石斛啤酒、石斛面膜以及日化品等各类深加工产品，建设石斛展览馆、铁皮石斛酒创文化馆。第三产业——生态度假酒店、沿河商业街、农耕乐园、石斛文创园、"铁定溜溜"休闲旅游项目。三产融合，带动村民、村集体共同发展。2018年5月，以下山头村为核心区的"乐清大荆石斛田园综合体项目"成功入选温州市首批田园综合体试点项目。于2019年7月纳入浙江田园综合体建设名单。

5. 统一思想，目标明确

在进行土地流转的最初，部分农户对入股存在疑虑，不愿意转让土地承包经营权。因为一旦转让土地，会让他们觉得丧失了对土地的使用权，如同失去了保障。另外，土地用途被改变，部分农户也不理解。为发展山体经济，修建村内机耕路，会用到入股农户的土地，改变其耕种状态，农户会认为自己承包的土地永远丧失，无法耕种。

为此，村"两委"做了大量工作，宣传到位，统一思想认识。一是把"以企带村，村企共建"的规划目标、工作要求宣传到位，做到及时与村民沟通，让村民了解、理解公司的设想和规划，激发村民参与的热情和积极性。二是把共同发展宣传到位。把企业的发展与地方经济发展、村里经济发展和群众增收的鱼水关系，共兴共荣的道理向村民讲清楚、讲透彻，使大家明白三方利益——自己的利益、村里的利益和企业的利益是一致的、共同的，从而心往村企发展一处想，劲往村企共兴一处使。

二、经验启示

下山头村从一个昔日的村民收入困难村、村集体经济薄弱村，发展成为远近闻名的富裕村，成为共同富裕的典范，靠的是产业的发展，靠的是"公司+农户"的发展模式。走共同富裕必须要有好的产业来支撑，使村民的收入有保障，这是实现共同富裕的基础。

1. 产业发展精准扶贫

下山头村以"公司+农户"的形式，以铁皮石斛为农业主导产业的全产业链发展、全价值链开发，以产业集聚融合、联动协调发展为路径，建立产业化利益共同体，强化"租金+薪金+股金"的"三金"模式，构建企业与农户之间"村民变股民、租金变股金"的利益链接模式。

（1）租金保障。下山头村人均耕地面积不足1亩，种植粮食亩产收入仅几百元。而土地流转后就能得到每年1200多元的土地流转金，每五年增长10%，不低于同期其他村庄的土地流转费用。

（2）薪金增收。在确保村民土地租金收益的同时，也增加了就业机会，村民可以参与企业劳动，获得劳动收入。公司95%的员工，从管理者到普通小工均为下山头村及周边村民和返乡大学生。为提高部分村民的劳动技能，公司高薪聘请加工枫斗的老师为村民进行技能培训，加强村民就业技能，提高村民劳动收入。在聚优品的石斛加工区，按1名工人每天加工0.5公斤铁皮石斛计算，日收入可达200元。其余工种日工资100～300元不等。

（3）股金致富。土地入股让下山头村村民成了聚优品公司的股东，公司经营的投入，村民不再投入任何费用，无须承担任何风险。农民将由"面朝黄土背朝天""日出而作，日落而息"的传统种植收入模式向"租金＋股金＋薪金"的"三金"收入新模式彻底转变。

2. 乡村振兴效益明显

下山头村的铁皮石斛健康产业及特色水果产业的全面建设为村庄发展提供强有力的经济支撑和产业支撑，积极探索一二三产业融合之路。实现了龙头带动、产业融合的协调发展。2018年底，实现产值2800多万元，接待游客35万人次，旅游收入400多万元，新增周边村民就业500多人。

通过一二三产业融合发展，拓宽村民增收渠道，同时提升村民的精神文明素质。在近几年的实践中，由聚优品公司带动村内每年开展铁皮石斛品赏节、梨花节等系列节日活动，在增加村民经济收益的同时，也丰富了村民的文娱生活。村庄变美了，环境变好了，家庭和睦了，干群关系融洽了，到处呈现一片祥和、文明、友善的美好景象。

下山头村通过美丽乡村及乐清大荆石斛田园综合体核心区项目建设，仅2017年就植树1万多株，包含热带棕榈、茶梅、樱花、红叶石楠等树种，水土流失得到了有效控制，荒山变成了花海和果园，700亩的水果林和450亩的珍贵彩色健康示范林，让山间呈现出美丽的林相。过去泥泞狭窄的道路变成了宽敞漂亮的水泥路，绿化错落有致，每个路段的树种在不同的月份绽放不同的花朵。使下山头村真正成为百花村、百果园和百树林。

3. 以企带村，村企共建

乡村要振兴，归根结底还是要把乡村赖以生存的农业做强。只有农业强，才能增强乡村吸引力，促进资本、人才等各类要素向乡村聚集，才能激活经济，富裕农民。乡村不再是单一从事农业生产的地方，还有重要的生态涵养、休闲观光功能，以及独具魅力的文化体验功能，这些农村的新产业、新业态，是未来实现乡村经济多元的主要途径。

下山头村"以企带村，村企共建"的模式并非所有农村都能适用，需要具备一定的条件。一是村庄必须具备公司项目开发和发展所需的重要资源，如下山头村拥有适合石斛生长的土地资源，这是该模式发挥作用的前提和基础条件。二是需要一定的资本注入。不仅是项目方面的投入，还有周边基础设施建设的资金投入，否则无法保障项目的正常运作和取得令人满意的效果。三是公司领导者需要具备战略眼光，更要有振兴乡村的高尚情怀，还要善于挖掘潜在市场机会、拥有先进的经营管理理念。

宁溪镇："农合联+龙头企业+低收入农户"的靶向式产业扶贫

台州市黄岩区地势西高东低，中西部乡村地区约占区域总面积的2/3，是浙江省"26+3"加快发展县之一。这其中，宁溪镇是黄岩区的山区和水资源保护区域，有省、市级扶贫重点村15个，低收入农户523户935人。由于宁溪镇距离黄岩城区中心较远，交通不便，经济发展相对滞后，同时受各类环保政策限制，在过去严重依赖看天吃饭的小农经济，发展模式单一落后。近年来，宁溪镇通过重点发展当地的"农合联+龙头企业"式"造血"型扶贫产业体系，辅之社会保障和精准到户引领脱贫的措施，将农产品加工产业链延伸到薄弱村，解决了大量低收入人员的就业问题，实现所有低收入农户年人均收入8000元以上，年增收14.5%。

一、产业扶贫的实践

近年来，黄岩财政一改过去大水漫灌的"输血"式扶贫，把工作重心转到帮扶低收入人口增强自我发展能力上来，进一步强化政策兜底，扩大农民就业，提升民生保障水平，做到了科学扶贫和精准扶贫相结合，推进扶贫开发工作向纵深发展。

1. 产业发展方向及运作盈利模式

宁溪镇80%以上的低收入农户系因病因残致贫，为了照顾他们，身体健康的家庭成员也很难外出就业。另一个客观现实是留守人群文化层次普遍较低，就业技能比较缺乏。针对这种情况，宁溪镇政府着重增加农户就近就业岗位，精心挑选农产品加工等专业技术要求较低的工作，统一组织岗前培训，降低镇内低收入人群就业门槛，实现其家门口就业，极力破除贫困难题。

该镇以当地农民合作经济组织联合会为抓手，在会员企业、合作社农业基地建设"扶贫车间"，全力做大做强当地"土产经济"。同时引入专业化的以当地农产品为原料的食品生产经营公司，帮助企业注册"鹿宁宁""鹿西西"等本地农产品商标。开设地方土特产超市，实施"5S"管理，形成统一商标、统一包装、统一品质，并通过开设样板店，现场展销推广。对接超市、微商以及线上销售等，推广订单式生产，实现农副产品生产、收购、销售"一条龙"服务，使得当地的扶贫产业向组织化、规模化、标准化、产业化、现代化迈进。在原材料产地就近设置的"扶贫车间"不但节约了企业的运输储存成本，也解决了企业用工难的问题。

2. 低收入农户受益模式

（1）扶贫车间吸纳就业。以镇"农合联"为引擎，联合下属37家合作社以及农业基地作为一村一品的"扶贫车间"，优先吸纳本村低收入农户就业。田垄上的"扶贫车间"极大地方便了农户的生产生活，近家就业可以让其更加安心工作，同时，近乎机械的流水线作业内容不需要农户掌握难度较高的知识和专业技术。如鑫旺合作社的"凉拌菜花梗"加工项目，通过简单的岗前培训，农户就能很快地掌握加工技巧，上岗工作。该项目成功吸纳了周边6个村450余名农户从事削菜花的简单工作，其中低收入农户105人、残疾人23人，人均月增收达到了1500元以上。从2021年3月起，宁溪镇发起建设覆盖全镇的"小橘灯"暖心工坊，通过引进一批来料加工企业，招募一批乡村经纪人，培训一批产业工人，带动一方留守乡村群众致富。其中，宁溪镇岭根村的"小橘灯"暖心工坊已步入正轨，台州希乐公司把杯盖生产线搬到了这里，请当地老百姓来进行组装、抽检、装箱、出货等一系列工作。据当地村民反映，在这里工作每日能增加50~100多元的劳动收入，甚至吸引了一批外出务工人员返乡。此外，希乐公司还给村里8%的分红收益，壮大了村集体经济。

（2）扶贫超市保障增收。扶持专业的农产品营销公司开立宁溪土特产超市，以收购销售当地的梅干菜、笋干、土鸡蛋、豆类等土特产，帮助低收入农户打开农产品销路，实现在家门口销售自产农产品。农户们只需在家制作好需要出售的农产品，便可安心等待公司的收购人员上门收购。这一举措一举打破了低收入农户因身体状况不允许，无法出门打工而赋闲在家的窘境，体现了极大的人文关怀，构筑了企业和农户之间的信用关系。农户不再担心农产品的销路，可以获得较为稳定的收入。

（3）扶持政策激励就业。黄岩区财政积极鼓励低收入农户就业，对低收入农户在本区内从事来料加工或其他就业的，以实际收入总额的20%给予补贴；对吸收低收入农户就业的来料加工经纪人，以其实际支付给低收入农户加工费总额的10%给予补贴；对在重点帮扶村设立加工点、扶贫车间等，并吸纳该村一半以上有劳动能力的低收入农户就业的，给予经纪人每年场租金额20%的补贴。政府的扶持政策起到了良好的引导效果，极大地激发了当地低收入农户通过勤劳致富的工作热情和意愿，逐步构建起了企业效益好、群众参与广的扶贫产业体系，同时助力农合联的运营。

二、实践思考

脱贫攻坚战全面胜利是实现共同富裕的重要一步，意义重大，过去大水漫灌式的扶贫方式，不但消耗了大量的扶贫资金，也加剧了地方政府的财政压力，但是扶贫效果却并不显著。近年来，各地转变扶贫思路，牢牢把握科学扶贫和精准扶贫相结合，以产业扶贫的方式实现了"输血"式扶贫向"造血"式扶贫的转变，着重把握了三个发力点。

1. 坚持正确的政策导向

多年的实践告诉我们，政策的正确导向是取得脱贫攻坚胜利的先决条件。过去的黄岩西部扶贫，每年都给地方政府带来财政压力，却迟迟没有产出经济效益，成为地方发展的沉重包袱，困难群众"等、靠、要"的心态比较普遍，年年抬头等补助的情况屡见不鲜。而不甘心于困守大山的青壮劳动力，也多选择前往发达地区务工，只留下一潭死水的空心村、空心镇，恶性循环下西部落后地区经济发展举步维艰。近年来，黄岩扶贫政策愈发突出产业扶贫的导向性，为西部扶贫工作打开了新局面。在新政策的导向作用下，尤其是对积极就业的困难群众实行就业补助，有效鼓励了困难群众发扬自力更生、艰苦奋斗的精神，摒弃"等、靠、要"思想，同时辅之以必要的职业技能培训，实现困难群众自主脱贫，有力推动了产业脱贫工作的有效开展。

2. 发挥企业的带动作用

产业扶贫是一种市场化的扶贫手段，而企业是最重要的市场主体，是社会生产和流通的直接承担者，在各类扶贫后盾单位中具有独特优势，企业既有产业扶贫的能力，也有产业扶贫的动力，因此发挥企业的带动作用至关重要。黄岩的实践告诉我们，困难群众本身就是潜在的劳动力市场，不少企业原先的劳动力缺口问题通过"扶贫工厂"的设立得到了有效解决，企业扩大了产能，困难群众得以就业增收，实现了双赢。同时，入驻企业经营的产品中有很多原本就是黄岩本地特产，深受本地人的喜爱，当地的经济发展也为企业提供了更加广袤的本地市场。

3. 因地制宜的发展产业

只有找准了产业发力点，才能找到发展的阳关道。黄岩西部山区处于生态库区保护范围内，显然不适合第二产业等高能耗、高污染产业，而作为附加值较高的三产服务业，基础弱、底子薄的西部山区在短期内也较难实现，这些因素决定了黄岩西部更适合以农业为主的经济业态。因此，黄岩地方政府紧紧围绕地方实际，大力扶持西部地区农业发展，同时注重挖掘"黄岩蜜橘""东魁杨梅"等有地方特色、传统优势较为明显的农业产业，有力促进了黄岩西部开发和扶贫工作的开展。同时，当地政府不满足于现状，在现有产业发展态势良好的情况下，通过建设"村村通工程""康庄工程""美丽乡村"等，全面改善农村基础设施及村容村貌。累计投入各级财政资金3亿多元，完成道路修建、改造500多公里，黄岩西部所有的行政村、较大的自然村都已连通公路，补足西部基础设施落后的"短板"，进而积极发展全域旅游，促进西部地区的产业发展由单一的农业生产加工向"农旅结合"转变，推动西部发展向附加值较高的第三产业迈进，实现了产业融合发展。

第七篇
乡村治理与共同富裕

玉环市：以多维模式助推共同富裕先行示范市建设

玉环市位于浙江省东南沿海，是著名的海岛市，市域由楚门半岛、玉环本岛和135个外围岛屿组成，总面积405.5平方千米。其中陆地面积378.5平方千米，水域面积27平方千米，常住人口64.4万人。玉环是全国百强县市，也是民营经济发达县市，2020年全市实现生产总值632.56亿元，比上年增长3.1%。户籍人均生产总值144799元，比上年增长2.8%，约合20993美元。"十三五"期间，全市生产总值过"五"破"六"，连迈两个百亿关口，从438.7亿元提升至632.6亿元，年均增长7.6%；财政总收入、一般公共预算收入稳步提高，相比2015年分别增长了11%、38.7%；人均可支配收入从4.1万元增加至6.1万元，位居全国各县（市）前列。2020年城镇常住居民人均可支配收入74492元，增长4.4%；农村常住居民人均可支配收入37645元，增长6.5%；城乡居民收入比为1.98∶1。城乡之间、区域之间发展均衡，共同富裕走在浙江省前列。

推进共同富裕，乡村是基础，是国家治理体系的"神经末梢"，乡村振兴是实现全民共同富裕最受关注且必不可少的一环。近年来，玉环市紧紧把握乡村振兴战略的目标要求，突出惠民共富要素，立足玉环实际，拓展创新思路，开辟多维模式，凝聚"乡贤+"优势，激发"一事一议"财政奖补政策效能，扎实纵深推进共同富裕先行示范市建设。

一、以"一事一议"为引领,实施财政奖补政策延伸,致力营造惠民共富氛围

自2010年"一事一议"财政奖补政策在玉环落地推开后,"一事一议"财政奖补工作大放光彩,截至2020年,累计投入财政奖补资金5.4亿元,带动总投资近20亿元,建设各类民生公益项目800余个,受益群众累计达到83万人。2012年12月,浙江省"一事一议"财政奖补工作现场会在玉环召开。2013年,玉环作为唯一一家县级单位在全国农村改革工作会议上做典型发言,并连续6年被评为浙江省农村综合改革工作优秀单位。玉环农村综合改革工作多次被《中国财经报》《浙江日报》《浙江新农村》《台州日报》等媒体报道。

1. 高位夯实领导架构

率先成立以市领导为组长,全市17个相关职能部门为成员的农村综合改革工作领导小组,全面统筹、全市推进,为试点项目开辟审批绿色通道;具体事项由财政部门牵头负责,相关部门和乡镇(街道)通力配合,村级组织主体实施,形成工作合力;不断探索,提出美丽乡村发展"四大理念"和"五大体系",保证改革方向和覆盖面。

2. 勇于突破政策创新

紧密结合实际需求,敢想敢做,突破政策限制,总结出"五步工作法""包清工模式""村干部主动回避""委派内行人监督"机制,形成玉环经验在全省推广;推行"自下而上"的决策方式,激发村级建设活力,实行民主决议、民主管理、民主监督,公开公示、阳光操作;通过项目报批倒逼机制,推动村级班子民主建设,促成村"两委"班子内部

主动化解矛盾、加强团结、尊重民意，得民心、集民智、聚民力。

3. 高效推进项目监管

坚持"一线工作法"，促使实地勘察、直面对接、帮扶指导成为工作常态，把问题沟通在一线、解决在一线，尽量让老百姓"一次都不跑"，高效保证项目建设质量和进度；同时，引进高级工程师，加大对工程预算、验收文本的审核力度，充分利用"互联网+"手段，通过微信、石墨文档程序等，实时跟进村级项目动态，强化项目监管，提高监管效率。截至2020年，"一事一议"相关工作人员下乡时间超过1900天，累计行程超过16万公里。

4. 统筹拓展改革外延

以"一事一议"财政奖补机制为平台，以农村综合改革工作试点为抓手，相继争取到"一事一议"助推美丽乡村建设、"一事一议"三年规划、中央财政支持农民合作社创新、村级公共设施运行管护机制、农村公共服务供给新途径、扶持村级集体经济发展六个改革试点，打响农村综合改革玉环品牌。经过10年的建设，"一事一议"财政奖补工作初步释放出改革综合叠加效应。

5. 共建共享共富模式

积极试点运作以"村集体51%+村民49%"的股份众筹方式，探索美丽环境向美丽经济转型新路径，促成干江镇上栈头村斥资700万元建设并成立公司开发运营玻璃吊桥，使其集体经济从负债20万元到年收入100多万元，村民人均年增收2000多元。玉环市以此为改革试点东风，借助"农民持股共富"模式推动全域33.68万农民全部变成"股东"、资金变成股金、资源变成资产，有效激发了农村发展活力、拓宽了农民增收渠道，走出一条适合自身实际的共同富裕之路。还通过筑巢引凤、报团取暖，以土地直租、半租半建、自建出租等方式开发村级自留地，盘活土地资源，为村集体年经营收入带来3~7倍增长。

二、以"乡贤+"模式为助力，发挥乡贤独特优势，致力打造利民共富环境

近年来，玉环市紧紧把握新时代乡贤工作要求，深入实施"乡贤+"工作模式，凝聚乡贤之心、汇聚乡贤之智、集聚乡贤之力，打造一批具有乡贤特色的共同富裕实践成果，全面助推共同富裕先行示范市建设。

1. "乡贤+引资引智"，将乡贤力量注入产业创富

借助乡镇乡贤联谊会和村级乡贤参事会，充分发挥乡贤智力、人脉、资金等优势，引导广大乡贤把优势项目建在玉环，把优质资本投向玉环，把优秀人才引回玉环，将"乡贤优势"转化为"乡贤经济"，助力乡村集体经济致富发展。

2. "乡贤+乡风文明"，将乡贤精神融入文化润富

大力实施乡风文明示范引领工程，挖掘、提炼、弘扬新时代乡贤文化精神，培育富有地方特色和时代精神的乡贤文化，开展年度"最美乡贤"评选活动，树立一批有素质、有能力、有贡献的乡贤典型，引领全社会"知乡贤、颂乡贤、学乡贤、当乡贤"，形成见贤思齐的良好氛围。

3. "乡贤+基层善治"，将乡贤智慧嵌入治理安富

充分发挥乡贤"老娘舅"作用，推动一批有威望、有能力、口碑好、办事公道的本地乡贤参与基层公共事务，打造乡贤助力基层社会治理新

模式。召开新乡贤助力社会矛盾纠纷调处化解工作部署会,在市、镇两级实现乡贤调解室入驻矛调中心和乡贤调解服务团全覆盖,聘任152名市、乡、村三级乡贤助调员,累计化解纠纷304起,筹集助调基金51万元,救济弱困当事人296人次。

4. "乡贤+慈善基金",将乡贤爱心导入公益助富

大力弘扬富而思源精神,发动乡贤企业家主动承担社会责任,为当地公益慈善事业出谋划策、出钱出力。截至2020年,全市共设立15个乡贤慈善关爱基金,总金额达1.2亿元。积极发动乡贤捐资助学,全市各级乡贤教育基金累计募集资金3500多万元,累计发放奖教奖学资金500多万元,受益师生800多人。

5. "乡贤+结对帮扶",将乡贤资源引入精准帮富

发挥乡贤眼界宽、思维活、资源广等优势,开展精准精细的结对帮扶,帮助集体经济相对薄弱村提高自我发展能力。召开全市乡贤助力乡村振兴现场推进会,动员乡贤力量参与"百名乡贤帮百村"专项行动。启动乡贤助力就业扶贫数据库建设,引导全市乡贤为弱势群体和农村剩余劳动力提供200多个就业岗位。成立乡贤带富基金,发动全市乡贤联谊会结对帮扶集体经济相对薄弱村,打造乡贤助力共同富裕示范点。

马屿镇：构建"三位一体"农村综合合作新模式

瑞安市马屿镇作为先行地区，积极探索构建生产合作、供销合作、信用合作"三位一体"新型农村合作体系，有效推动农民共同致富和乡村振兴发展。马屿镇"三位一体"改革坚持"农有""农治""农享"，实现了诉求由农民提出，决策由农民作出，成效由农民评出。通过创新生产服务体系，扭转了农业生产经营主体"小、散、弱"的格局，已培育"三位一体"改革示范合作组织26家，其中，梅屿蔬菜专业合作社成为温州唯一的全国百强合作社，现有成员762户、合作基地7000亩，服务范围达41个行政村，年销售收入超2000万元；通过完善供销服务体系，助推农产品货畅其流，建成了温州市首个农产品原产地交易市场——梅屿农产品交易市场，直接受益农户达3300多户，年交易额达2100多万元；通过构建信用服务体系，疏通农业资金血脉，2020年以来发放农户贷款12.41亿元，受益农户5393户。2021年2月21日，《中共中央 国务院关于全面推进乡村振兴加快农业农村现代化的意见》发布，提出要"深化供销合作社综合改革，开展生产、供销、信用'三位一体'综合合作试点，健全服务农民生产生活综合平台"。这是在马屿镇先行先试基础上的瑞安"三位一体"改革经验再度被写入中央一号文件。

一、主要做法

1. 农合联一体化改革

系统搭建农合联组织构架,农合联理事长由分管副镇长担任,常务副理事长由资深合作社负责人担任,会员包括龙头企业负责人18人、合作社负责人158人、家庭农场负责人71人、供销社1人、农业农村部门3人、金融系统2人。农合联下设四大部,分别为综合服务部、生产服务部、供销服务部、金融服务部,四大部部长由相应特长的合作社负责人担任。秘书处设秘书长1人、副秘书长3人、办公室2人,实行实体化办公。探索由社会能人负责乡镇农合联的实体化运作,成功创建了"温州市级示范农合联",组建了蔬菜、粮食、中药材、林果、农机、畜禽、综合类7个产业联合社,形成有序的组织运作体系。

2. 农民专业合作社和集体股份合作社改革

出台了《马屿镇农民专业合作社规范化建设培育实施方案》,2021年以来清理整顿"僵尸社"和"空壳社"108家,在培育的"三位一体"改革示范合作组织中,国家级4家、温州市级4家、瑞安市级18家。探索村集体领办村域型综合合作社,通过试点改造江桥荷韵专业社,现股本达368万元,已有119人入股,2020年每股分红达223元;对梅屿友联综合服务专业合作社进行改革,设立了劳务整合部、养老产业部,采用公益基金运作模式,为村域内的老年人、残疾人、低保户提供社会化服务。打造具有"三位一体"特色的儒阳村未来乡村,组建民宿、木制品、竹制品、美食等多类型的合作社,在合作社规范化提升的过程中,特别关注增强低收入农户的自我"造血"功能,为低收入农户提供更多的就业岗位;完善合作社补助机制,将补助金额直接挂钩低收入农户服务,为巩固脱贫成果、实现共同富裕提供支撑。

3. 农业社会化综合服务改革

近年来先后建成培育了穗博农机专业合作社、康园农业专业合作社等农机、植保生产合作组织22家,为农户提供育秧、机耕、机烘等多元化农业服务,健全共享利益联结机制。探索"公司+农户"的联合发展模式,引进万科农业,专业开拓农产品销售市场,解决农户种田的后顾之忧,促进增收。引入瑞安老字号李大同有限公司,打造30亩农产品加工园。优化职业技能培训服务,2021年马屿镇将引进瑞安市农业技术学校(分校),建设占地约180亩的乡村振兴行政学院,通过现代化农业技术授课,培育扶持一批高素质的新型职业农民队伍。

4. 农业生产标准化改革

按照"一品一导则""一场一标准",建立了番茄、芹菜、毛芋、大米等农产品行业标准体系,培育推广了"强绿"牌番茄、"三马牌"芹菜、"篁社"牌索面、"大日红"牌毛芋等特色农产品自主品牌,完成"瓯越鲜风"标准化生产示范基地建设11个。以国家现代农业产业园创建为契机,大力发展现代智慧农业,对产业项目给予60%~80%的财政资金补助,带动产业园项目总投资7.14亿元;引进荷兰自动化采摘设备,建设全国领先的智慧设施蔬菜示范基地;与浙江省农科院开展院地合作,成立博士实验基地;建设花椰菜种子种苗繁育研究中心,对神鹿种苗进行现代化改造提升。

5. 供销合作体系改革

推行"政府+国企+民营"的模式,投资1850万元对为农服务中心进行改造提升,设立农业公共服务、金融服务、电商服务等六大服务平台,浙南最大农企神鹿种业、大型农资连锁超市、农信担保公司、汇民资金互助社、兴民保险互助社等市场主体免费入驻,为农民提供种苗服务、农资购销、信用贷款、产品质量追溯等一站式服务。计划引入浙农集团参与农资供给,致力于打造浙南地区最大的农资储备供销中心;同步引入农民代表,入驻农产品直播间,已帮助本地农民销售红糖6万公斤,销售额达300多万元。建成温州市首个农产品原产地交易市场——梅屿农产品交易市场,提供批发、团购、配送等便捷化服务。与上海领源企业发展有限公司开展合作,规划建设连片民宿、种植基地、加工园区的综合性农业园区。

6. 农村合作金融改革

马屿成立了全国首家以农财险为主的兴民农村保险互助社(成立于2015年,会员3552名)、全省规模最大的汇民农村资金互助社(成立于2011年,会员799名,累计放贷5.05亿元)及融达农村资金互助会(成立于2013年,会员600名,累计放贷1.05亿元)。兴民保险主要提供蔬菜的种植保险,着重弥补了政策性保险的不足,现享受财政保费补贴50%,正在积极探索出险理赔风险补偿。引入多种业态金融服务机构,与瑞安农商银行签订战略合作协议,授信马屿10亿元"三农"贷款额度,针对农户融资门槛高、需求不满足、信息不对称等问题,大力推进农村金融普惠式、直通式、一站式服务,完成"整村授信"60个、"整社授信"1个,对辖区内村居实现全覆盖。自2020年以来,发放农户贷款12.41亿元,收益农户5393户。

二、体会与思考

1. 以人为本是核心

马屿镇"三位一体"综合合作改革始终坚持以人民为中心的思想,

在制度设计上紧扣"三农"这个关键词,努力解决好农民群体最关心、最直接、最现实的利益问题,最困难、最忧虑、最急迫的实际问题。马屿镇采用的"政府投资、农合联运作、社会化服务"模式,为农民提供规范化指导、农技推广、农产品展销、信用担保、农民培训、农村电商孵化等一站式服务,为农服务中心成为农民的"贴心管家"。梅屿友联综合服务专业合作社设立了劳务整合部、养老产业部,采用公益基金运作模式,为村域内的老年人、残疾人、低保户提供社会化服务。

2. 共同富裕是目标

马屿镇推进"三位一体"综合合作改革的过程,就是践行共同富裕理念的过程。合作社规范化提升过程中,尽力为低收入农户提供更多就业岗位,将补助金额直接挂钩低收入农户服务,为实现共同富裕提供支撑。马屿兴民农村保险互助社作为专业服务"三农"的新型农村金融机构,旨在为面广量大的农民家庭经营发展现代农业、创业增收和脱贫致富提供资金服务,缓解农民社员贷款难,帮助入社社员发展生产,增加农民收入。互助社坚持非商业化运作,以全体社员利益最大化为经营目标,不以营利为目的,农户既是投保人,又是保险人,相互知根知底,大大降低了因信息不对称导致的风险。建立了互助社工作人员"一岗多职"制度,有效降低了经营成本;实行了"二次返利"制度,盈余在社员之间进行分配,经营成果由全体社员分享,不仅不赚农民的钱,还能帮农民赚钱。

3. 改革创新是动力

早期马屿镇发展组建的农民专业合作社,除个别运行规范外,普遍存在动机不纯、机制不全、人才缺乏,以及资金、用地、税收等诸多问题;农产品滞销比较严重,增产未能增收,经常出现番茄滞销烂在田头的现象，市场开拓不力困扰农业发展，也影响了农民积极性；瑞安农村信用社改制后，由于股权结构高度分散，股东数量过于庞大，无法充分发挥股份合作制的优势，农户普遍存在贷款难问题，迫切需要农村金融的支持。从 2005 年情况看，全镇人口 13.1 万人，其中农业人口占总人口的 86%，将近 13000 农户生产发展得不到金融支持。通过改革创新，在组织体系、生产合作、产品销售、金融支持等方面取得突破，构建了新机制、新制度、新模式，有效解决了农民专业合作社规模小不规范、农产品销售渠道不畅、农户获得贷款难等问题。

4. 政府主导是关键

以"三位一体"理念为指引，编制《为农服务中心三年行动计划》，融合农村产权服务中心、农产品展示展销中心、农信担保公司、农合联之家等"三位一体"元素。强化资金保障方面，结合农口产业政策整合，调整为农服务中心建设补助政策，补助比例由原先核定投资额的 70% 提高到 90%；强化土地保障方面，充分体现因地制宜、资源最优原则，以乡镇现有资源为主，以国有土地划拨、供销社社有资产改造、经营主体租用和整合等土地供应模式为辅，合理规划建设符合当地产业特色的为农服务中心，将为农服务中心建设融入西部新引擎示范带、马屿"诗画祥凤"示范带等示范带中，确保"带带有精品，村村有元素，人人有红利"；强化人力保障方面，采取政府机构指派、服务主体委派、经营主体入驻的运营模式，引导基层农合联和基层供销社介入管理，马屿镇还确定专职人员参与为农服务中心工作。

5. 数智平台是支撑

针对传统农业中存在的涉农基础信息不足等制约农业发展等问题，委托中化农业集团打造智农在线服务平台，着力打通涉农数据收集、运行、应用环节,为农户提供"智农宝""智农联""智农链""智农管""智农享"五大功能服务,构建信息、组织、服务、利益、管理五大数据集成体系,吸引用户1400人,完成15000亩水稻核心区域地块及农事记录的采集。同时,依托五大"智农"数据集成体系,构建"无忧种植""无滞销售""无本种田"三大特色应用场景,实现生产管理线上化、流通营销网络化、信用服务数字化,大幅提高了管理水平。如温州最大的现代农业园区——梅屿蔬菜生产基地,建成无菌净化车间和"从田头到餐桌"的农产品质量安全追溯系统,优质农产品成功打入香港市场,"绿印象"牌蔬菜两次登上"雪龙号"极地科考船,成为南北极科考团供应品牌。

曹村镇：以集聚"乡贤能人"资源协力推动共同富裕

被誉为"中华进士第一村"的瑞安市曹村镇是千年古镇，造就了她独一无二的乡贤文化基因。近年来，曹村镇以"贤治"为抓手，以"建组织、搭平台、优保障、促发挥"为基本路径，深挖乡贤文化底蕴，凝聚内外乡贤力量，成功搭建起乡贤反哺家乡的桥梁。乡贤通过领衔兴办实业、公益慈善、参与村级治理等方式反哺桑梓，真正成为社区"两委"的"智囊团"、创业致富的"导师团"、纠纷调解的"和事佬"、乡风文明的"督导组"、慈善公益的"志愿队"，2019年以来，成功落地"引擎型"乡贤回归项目2个，投资11.5亿元。乡贤谢公富回乡推动全镇14个村与瑞安中青旅合资成立乡悦旅游公司，开发的环天井垟研学旅行项目成功摘下浙江省研学基地奖牌，实现年产值上亿元，同步带动村集体、村民搭车致富。2020年，全镇14个村集体经济总收入达1527万元，50%的村实现集体收入超百万元，村民人均年收入3.3万元。

一、主要做法

1. 搭建"招贤"三大平台

（1）搭建数据平台。持续开展乡贤排查入库，大力开启乡贤荐贤、鉴贤渠道，以贤带贤，补齐镇村寻贤盲区，截至 2021 年 8 月，全镇共有乡贤 220 名。持续更新乡贤大数据平台，自动生成村别、界别、地别结构图，一键掌握"贤情"。例如，徐学朴是一位经验丰富的电商行家，通过荐贤让其觉得有责任和义务帮助乡亲一起致富。于是利用自己丰富的电商经营经验，在村内与朋友合股创办电商公司，主要销售食品机械设备，为村里的无业人员提供工作岗位，带动村民致富。

（2）搭建组织平台。完善"1+14+5"组织架构（即 1 个镇级乡贤联谊会搭配 14 个村级乡贤参事会，同步组建致富、和事、智囊、公益、志愿五大功能团），联谊会抓总，参事会与功能团条块共同促进，推动精准履职。增设在瑞常务班子，增补突出乡贤进班子，进一步激发队伍活力。在成立大会上，选举产生联谊会第一届理事会，选举第一届会长。联谊会的首批会员 154 人，由有一定影响力的商界、学术界及其他各界关心支持家乡曹村镇发展的贤能志士组成。联谊会下设智囊团、致富团、公益团、和事团、志愿团五个功能团。

（3）搭建联系平台。线下以曹村镇乡贤联谊站为总据点，实行"一中心四馆室"活动办公，各村借助文化礼堂、村办公楼打造村级乡贤馆、和事团工作室分据点；线上组建曹村乡贤联系微信群，实现沟通"零距离"。如在曹村镇打造瑞安市首个镇级乡贤馆、乡情馆，推动乡贤榜、学子榜等进村民中心、进文化礼堂，为学术先锋颁发"博士之家"等荣誉称号。

2. 创新"聚贤"三大载体

（1）创新品牌式运转，提升组织力。不断完善新乡贤联谊会运行机制，推出"四必有"等会员服务机制，建立"乡贤联谊会+曹村梦想慈善基金会"的双会协作模式。创新推出"4+N"乡爱系列活动，即每年圆一个乡亲梦、话一次乡亲情、走一次家乡路、品一次家乡菜的固定动作，加 N 个其他自选动作，定调品牌式、规范化、重实效的发展方向，不断提高联谊会运转实效。

（2）创新项目式众筹，提升影响力。优化平台搭建，做细做实"圆一个乡亲梦"项目，变原先看不见的捐款为看得见的项目，创新乡亲点单、乡贤接单模式，以众筹之力，解决乡村难事、乡亲急事，以相帮之举，强化乡情纽带。首轮招募共有 38 个项目被现场认领，认领资金达 142.4 万元。项目落地后，将实地制作乡爱展示牌、乡爱长廊，推动形成全民爱贤、学贤的"星火燎原"之势。

（3）创新目标式激励，提升战斗力。开展乡贤兴乡"揭榜挂帅"行动，针对重要性课题、"卡脖子"难题，政府向各乡贤参事会发布"求贤令"，寻觅"揭榜人"。年终评选十大最美乡贤、一个最美乡贤参事会，以攻关成果"论英雄"，突出乡贤享受包括医疗、旅游、政治待遇等升级版"礼遇八条"。如南岙乡贤参事会全链条助力民宿落地，乡贤林晓清为布局出谋划策，乡贤吴招贵投资 800 余万元，整个参事会合力进行政策处理，2021 年项目已进场施工。再如碗窑村，三位乡贤专程从北京、西安等地打"飞的"，深入做通重难点户思想工作，成功推动碗窑村 31 间民房全部完成流转。

3. 实施"释贤"四大工程

（1）实施"项目回乡"工程。鼓励乡贤"三优先"，即优先了解政策、优先对接项目、优先提供服务，做到同等条件下优先支持乡贤回乡创业。两年来，乡悦文旅、艾米智农两个引擎型乡贤回归项目成功落地，预计总投资 11.5 亿元。2020 年又相继落地乡贤温友学智慧大棚种植项目、乡贤林甲灶智慧校园等多个项目。

（2）实施"智力返乡"工程。抓住省级村级组织换届试点契机，动员乡贤回乡做乡村发展"领头雁"，大力招引乡贤回归参选"一肩挑"和

"两委"人员，如郑小明等三位乡贤回乡担任"一肩挑"书记，占比超20%。引导乡贤远程智扶，如曹村艺术文字和标志，由乡贤徐骅设计。再如，民宿五大集群规划中，乡贤多次建言献策。

（3）实施"公益助乡"工程。发挥乡贤专业、资金、人力三大优势，由乡贤牵头组织各类文化服务队、志愿服务队、公益慈善基金，成为服务群众、服务社会的重要力量。近年来，曹村镇共成立书法、南拳等各类文化队伍8支，以诚义爱心义工队为主的志愿服务队10支，搭建了曹村梦想基金、许岙基金会等公益慈善平台2个，募集社会资金累计超千万元。尤其在疫情防控期间，乡贤捐资捐物超50万元，组建"抗疫代购团"，上一线达250余人次，被浙江卫视等多家媒体报道。东岙文化礼堂在紧锣密鼓的施工中，该文化礼堂由陈贤喜和谢钦贵两位乡贤捐资100万元建成。翻开曹村镇农村文化礼堂建设的"账本"，可以看到不少乡贤出资助力：文化礼堂里桌椅不够，乡贤来捐助；文化礼堂戏台太旧，乡贤出钱来修建。

（4）实施"贤治兴乡"工程。建立镇村两级和事团工作室，实行"六个一"标配，发挥好矛盾纠纷调解员、法律政策解说员、维稳安保参谋员、文明新风倡导员"四大员"角色，成立以来已化解各类纠纷80余起。

二、体会与思考

1. 推动共同富裕，人才兴乡是"助推器"

实现共同富裕，乡村振兴是必经之路，而人才短缺是制约乡村振兴的重要因素。曹村镇集聚"乡贤能人"资源，有效解决了人才不足的问题，通过开展"贤治兴乡"工程，按照"五有"标准全部建立乡贤联谊会，相应智囊团、致富团、和事团、志愿团、公益团五个功能团，推动乡贤村级议事、矛盾调解、志愿服务三参与，畅通乡贤参与社会治理的枢纽；探索"村'两委'+乡贤参事会"的基层治理模式，创新"六议两公开"机制，在党员大会审议前，增设乡贤参事会询议，加强科学决策。"选好带头人，幸福一村人"，该镇紧抓村级组织换届试点契机，动员优秀乡贤回村竞选"一肩挑"主职干部，因地制宜发展富民产业，帮助村民实现最大化原地就业，多名新乡贤回乡担任"一肩挑"书记，取得了良好效果。通过推动搭建市、镇、村三级乡贤组织架构，汇聚农业、教育、文艺、工商界等领域新乡贤1800余人。

2. 凝聚乡贤能人，文化引领是"好良方"

在曹村镇有不少情系故里的乡贤能人，他们在外事业有成，意欲回乡发展创业。为此，曹村镇积极打造乡贤文化，打好"乡情牌"，引领"先富帮后富、我富带共富"的新风尚。每年春节、清明节等在外乡贤能人返乡之际，由镇主要领导带头召开乡贤能人专题座谈会，展示家乡变化和建设成果，并收集意见、建议，不断激发广大乡贤助力家乡发展的热情。同时，以农村文化礼堂为载体，举办形式多样的文化礼仪活动，开展"最美文明家庭""最美媳妇"等主题评选活动，大力宣传优秀典型家庭、传统家规家训、警示格言等，树立典型、表彰先进，用家庭"小气候"温润社会"大气候"，促使以爱乡睦邻、创业富民、崇文兴学为内涵的时代正能量蔚然成风。

3. 改善乡村治理，乡贤助力是"生力军"

农村基础设施薄弱，如今要补齐硬化、绿化、亮化、洁化、净化等短板，全面改善村庄形象，提升人居环境品质，光靠政府投入还远远不够。所幸在曹村镇，内外乡贤能人十分关注家乡建设，积极为修桥造路、公园绿化等项目建设出资出力。在具体实践中，乡贤还能够充分发挥自己的独特作用，协助镇街、村社化解矛盾纠纷，参与科学民主决策，从源头上避免纠纷产生。在乡贤参与基层矛盾纠纷化解上，积极推选本地有威望、热心调解、处事公道的退休回村干部、老教师、政法干警、老党员、退役军人、返乡企业家等乡贤担任调解员，切实增强基层调解力量。例如，在"两代表一委员"中选聘热心人民调解、具有较高法律知识和政策水平、熟知当地社情民意的人员，以"乡贤和事佬"的角色参与基层矛盾纠纷化解，包括调处化解宅基地、返回地、村民集体经济、自留地等民间纠纷。

4. 增强贤治效果，激励机制是"强心剂"

为了有效调动乡贤的积极性，曹村镇通过给予乡贤地位、荣誉、服务，解决乡贤实际困难，让乡贤暖心放心，推动乡贤对家乡的归属感，并创造乡贤对家乡作贡献的成就感。建立乡贤礼遇机制，创新推出涵盖医疗、交通、投资、关爱、旅游、政治安排的六大礼遇政策，妥善解决回归乡贤及其直系亲属的入户、社保、医疗、教育等社会服务需求，做乡贤最贴心的"娘家人"。畅通建言献策渠道，鼓励支持符合条件、有参政议政能力的乡贤参选各级党代表、人大代表或推荐作为政协委员。建立乡贤表彰机制，深入开展"十大乡贤"评选等活动，多载体、多渠道、多平台挖掘乡贤故事，宣传乡贤事例，树立乡贤典范，对在外乡贤帮助家乡和企业开展招商引资、开拓市场的，也根据所作贡献给予相应奖励，引导全社会尊敬厚爱乡贤。

外婆坑村：选好致富带头人的外婆坑村实践

新昌县镜岭镇外婆坑村，地处新昌、东阳、磐安三地交界，距新昌县城 45 公里，是镜岭镇最贫困的村庄之一，"八十炉灶四十光（棍），有女不嫁外婆坑；三餐吃着玉米羹，缺钱缺粮缺姑娘"是 20 世纪 90 年代外婆坑村的真实写照。2020 年外婆坑村转变为"江南民族村"、全国民族团结进步模范集体、全国脱贫攻坚先进集体，拥有国家级荣誉牌 10 块，省级荣誉牌 18 块，市县荣誉牌 59 块。外婆坑村是深入实施"千万工程"，借助少数民族乡村自身优势，发展乡村旅游实现共同富裕的样板村，是"两山"转化的成功案例。这里生产的茶叶远销北上广，曾作为老舍茶馆的专用茶接待时任国民党主席连战；这里生产的玉米饼让村民收入超过 4 万元；这里的自然风貌和风土人情曾入选上海世博会长三角世博主题体验之旅示范点。

一、主要做法

1. 选好"领头雁"

1990 年，外婆坑村级组织涣散，苦于生计都不愿来当村干部。此时，镇里瞄上了在外做箍桶匠的林金仁，提名后被村民一致推选为外婆坑村委会主任。"我一定要带领村民过上好日子"，这是林金仁当选时的一句承诺,此后他立足岗位,扎扎实实带领全村群众走上了艰苦卓绝的创业道路。30年来,林金仁书记结合外婆坑村实际,锲而不舍、知难而上,带领群众劈山造路;理清思路,找准优势,因地制宜发展茶叶产业,壮大村级集体经济;务实进取、一心为民,一门心思扑在外婆坑村的发展上。村党支部书记林金仁勇于担当、勤于实践、勇于创新、乐于奉献,充分发挥了"领头雁"作用,带领和帮助群众走上致富小康路,他因此荣获"全国劳动模范"的荣誉称号。在他的带领下,外婆坑村从过去绍兴市的贫困村,成为远近闻名的小康村,还上了《人民日报》和中央电视台。林金仁个人也获得了"新昌县富民好书记""绍兴市优秀共产党员""绍兴市第七届人民代表""浙江省新农村建设带头人'金牛奖'",以及省千名好支书、省优秀党务工作者等荣誉。

2. 打通一条民心路

20世纪90年代前,外婆坑村不通公路,自然条件非常差,外出只有两条路,一条"打石路",一条"五岗路"。五岗路可通镜岭镇,可是走这条17.5公里长的羊肠小道,要翻过五个山岗,非常不方便。而打石路是石匠在陡峭的石壁上凿出的20厘米宽、60米长的"鸡肠道",一面倚着峭壁,一面临着溪坑,十分难行。一到下雨天,路就被淹了,根本没办法过去。生活在这里的村民尝尽了"肩扛手提爬山越岭"的苦头,天天盼着修一条路。正是这一条路,成为乡村发展的第一道障碍,成了改变外婆坑村命运的"拦路虎",也是新任村党支部书记的林金仁能否取得村民信任的第一件大事。要想带领村民致富,必须先修路。1991年,林金仁提议修一条环山公路。初步测算下来,建这条全长3.5公里的公路,需架桥8座,劈岩填土2.5万立方米,溪流改坑一处,工程总投资56万元。面对重重困难,林金仁想尽了办法。为了筹集资金,争取部门支持,林金仁这一年跑了86趟县城。当时交通很不方便,他凌晨三点半就要起来，走路到安山洞口坐车，到县城后，在政府各个部门跑来跑去，一天从早跑到晚，跑破了整整三双解放鞋。为了节省 4 元钱的宿夜费，他坐夜班车到镜岭，然后走三个多钟头才能到家，到家时实在太累了，鞋也不脱就累得睡着了。工程进展到自然村外坞村的时候，必须劈开一面很高的岩石，没有资金、没有炸药，靠人工开凿进展十分缓慢。时任省长沈祖伦专程来外婆坑视察，看了这个工程后对林金仁说："老林，这个工程太大，是不是缓一缓。"林金仁就拍着胸脯说："沈省长你给我 5 万元，我保证 60 天内把路劈通。"他带领全村男女老少，加班加点、起早摸黑地做，结果 60 天真的打通了路。老省长沈祖伦被林金仁感动，就有了后来"沈省长八上外婆坑"的故事。1992 年 8 月 18 日，外婆坑这条创业致富路全线竣工，自此，村民告别了"肩扛手提爬山越岭"的时代。

3. 选对一条产业路

"人无业不立"，光有路，并不能改变外婆坑村贫困落后的面貌。"必须找一条适合我们村发展的路子！"林金仁分析优势和劣势，确定扬长避短，靠山吃山，发展名优茶生产的思路。外婆坑山清水秀，生态条件纯净天然，土地肥沃，其中山地面积 6500 亩，茶园面积 1200 亩，这一切对发展茶叶生产非常有优势和潜力。1991 年，林金仁发现外婆坑村的珠茶 2 块钱一斤，而西湖龙井可以卖 20 多块钱一斤，有的甚至是珠茶的几十倍。林金仁就发动村民种植龙井茶，投入义务工，两个月内就开辟荒山 200 亩，全县第一个从外地引进 10 万株名优茶，免费送给老百姓，挨家挨户种下去。

为了提高茶叶的价值，林金仁就带领村民摸索炒茶技术，组织村民开展名茶炒制技术培训，带出了一批名茶炒制高手。2003 年 5 月，村里成立外婆坑有机茶合作社，注册资金 300 万元，这是新昌县首家有机茶合作社。2005 年，外婆坑村投资 50 万元新建名茶炒制规范化示范点，面积达 566 平方米，实现统一管理、统一采摘、统一收青、统一炒制、统一包装、统一销售。外婆坑村成功注册了自己的品牌——"外婆坑"龙井,远销深圳、北京。截至 2020 年,外婆坑全村茶叶面积由 1991 年的 96 亩增加到 1500 亩(其中白茶 200 亩),茶农收入由 96 元增加到 35600 元,茶叶总产值由原来的 4 万元增加到 512 万元,因"一片叶子",一举摘掉了绍兴市贫困村的帽子。

"一片叶子"帮助外婆坑村摆脱了贫困,但村民要致富还远远不够。考虑到外婆坑村有着优美的自然风光,1500 亩的生态有机茶园、6500 亩山林、海拔 800 多米的山雪岗、保存完好的古村落风貌和民俗习惯,又是红军路经之地,更是十多个民族聚居的和谐幸福之村,被誉为"江南民族第一村",这些都是外婆坑得天独厚的资源。2009 年,借助政府号召发展乡村旅游、发展农家乐的契机,外婆坑村弯道超车,进入乡村旅游致富快车道,通过连接大佛寺、穿岩十九峰,形成旅游一条线,一个"一路风光一路情"的农家乐方案投入实施运营。2009 年 12 月,外婆坑村成功申请为长三角世博主题体验之旅示范点,借世博东风,于 2010 年 5 月正式迎接游客。2015 年,外婆坑村被评为省级农家乐特色村。如今,外婆坑村已经形成了"吃农家饭、住农家院、观自然景、赏民族风情"的特色农家乐路线,昔日的小山村也成为山美水清茶香、宜居宜游宜闲的旅游度假胜地。许多村民长年售卖外婆坑村农产品,一年的净收入就可达七八万元。仅玉米饼一项,2020 年全年销售额就达到 600 万元,昔日贫困村的村民实现了在家门口增收致富。外婆坑村先后被评为浙江省特色旅游村、省级农家乐特色村、省 3A 级旅游村庄、国家级 3A 级景区等。

二、实践的思考

1. 支部书记很关键

基层组织建设关键在于支部书记的选任上,从江苏省华西村的吴仁宝书记、贵州省团结村的黄大发书记、浙江省鲁家村的朱仁斌书记等案例上看，任何村庄都可以开启富裕、闻名的大门，缺少的就是一个关键的共产党员找到钥匙来开启。选对人是第一位的，也是最关键的，这在外婆坑村的发展致富之路上也进一步得到印证。

2. 统一思想很重要

村庄是一个大家庭，富裕或不富裕的村庄在经营管理上都会有各种难题，有"难念的经"。化解各类难题的关键还是在于村党支部书记要学会统一村民思想，把村民最关心、村庄最迫切的事情拎出来开展工作，得到村民支持。林金仁书记记得，2017年为了创建五星3A，村里计划将祠堂边的集体房改建为旅游集散中心。当时，这里被农户租用五年作为布机房，合同还未到期，他们不同意搬迁。但集散中心建设刻不容缓。为此，林金仁连续13个晚上统一党员和大部分村民思想，趁着他们休息的时候去做工作。"当时真是磨破了嘴皮子，总算做通了。可是另一个问题又来了，他们搬出后，布机放在哪里。我集中大家的力量，找合适的地方，总共找了6个地方8个点，最后终于找到了。"林金仁回忆着。为村民谋幸福，我们责无旁贷。

3. 村庄发展要创新

政策是公平的，对于所有村庄都一样，村庄如何发展需要对政策深入解读、大胆创新和实践。20世纪90年代，看到西湖龙井与自家土茶价格上天差地别，林金仁书记提出了"扬长避短，靠山吃山，发展名优茶生产"的发展思路，依靠新昌茶产业政策，带领村民种植龙井茶，成立全县第一家有机茶合作社，并注册自有品牌——"外婆坑"龙井。自2003年实施"千万工程"以来，把环境整治和村庄建设与创建生态品牌、挖掘人文景观有机结合，又借力美丽乡村"一事一议"财政奖补、美丽宜居示范村和乡村旅游等政策项目,建成远近闻名的江南民族村,促进了地方特色产业的发展和村民就业增收,成功把绿水青山转化为金山银山。外婆坑村在创业创新的道路上,形成了"一条路、一抹茶、一片景"的治村模式,已然从穷山村、光棍村变成了3A级旅游景区、全国"一村一品"示范村、全国生态文明村、浙江省第二批物质文化遗产(民俗文化旅游村)。

附　录

《中共中央 国务院关于支持浙江高质量发展建设共同富裕示范区的意见》

(2021 年 5 月 20 日)*

共同富裕是社会主义的本质要求,是人民群众的共同期盼。改革开放以来,通过允许一部分人、一部分地区先富起来,先富带后富,极大解放和发展了社会生产力,人民生活水平不断提高。党的十八大以来,以习近平同志为核心的党中央不忘初心、牢记使命,团结带领全党全国各族人民,始终朝着实现共同富裕的目标不懈努力,全面建成小康社会取得伟大历史性成就,特别是决战脱贫攻坚取得全面胜利,困扰中华民族几千年的绝对贫困问题得到历史性解决,为新发展阶段推动共同富裕奠定了坚实基础。

党的十九届五中全会对扎实推动共同富裕作出重大战略部署。实现共同富裕不仅是经济问题,而且是关系党的执政基础的重大政治问题。共同富裕具有鲜明的时代特征和中国特色,是全体人民通过辛勤劳动和相互帮助,普遍达到生活富裕富足、精神自信自强、环境宜居宜业、社会和谐和睦、公共服务普及普惠,实现人的全面发展和社会全面进步,共享改革发展成果和幸福美好生活。随着我国开启全面建设社会主义现

---

* 引自中国政府网。

代化国家新征程，必须把促进全体人民共同富裕摆在更加重要的位置，向着这个目标更加积极有为地进行努力，让人民群众真真切切感受到共同富裕看得见、摸得着、真实可感。

当前，我国发展不平衡不充分问题仍然突出，城乡区域发展和收入分配差距较大，各地区推动共同富裕的基础和条件不尽相同。促进全体人民共同富裕是一项长期艰巨的任务，需要选取部分地区先行先试、作出示范。浙江省在探索解决发展不平衡不充分问题方面取得了明显成效，具备开展共同富裕示范区建设的基础和优势，也存在一些短板弱项，具有广阔的优化空间和发展潜力。支持浙江高质量发展建设共同富裕示范区，有利于通过实践进一步丰富共同富裕的思想内涵，有利于探索破解新时代社会主要矛盾的有效途径，有利于为全国推动共同富裕提供省域范例，有利于打造新时代全面展示中国特色社会主义制度优越性的重要窗口。现就支持浙江高质量发展建设共同富裕示范区提出如下意见。

一、总体要求

（一）指导思想。以习近平新时代中国特色社会主义思想为指导，深入贯彻党的十九大和十九届二中、三中、四中、五中全会精神，全面贯彻落实习近平总书记关于浙江工作的重要指示批示精神，坚持稳中求进工作总基调，坚持以人民为中心的发展思想，立足新发展阶段、贯彻新发展理念、构建新发展格局，紧扣推动共同富裕和促进人的全面发展，坚持以满足人民日益增长的美好生活需要为根本目的，以改革创新为根本动力，以解决地区差距、城乡差距、收入差距问题为主攻方向，更加注重向农村、基层、相对欠发达地区倾斜，向困难群众倾斜，支持浙江创造性贯彻"八八战略"，在高质量发展中扎实推动共同富裕，着力在完善收入分配制度、统筹城乡区域发展、发展社会主义先进文化、促进人与自然和谐共生、创新社会治理等方面先行示范，构建推动共同富裕的体制机制，着力激发人民群众积极性、主动性、创造性，促进社会公平，增进民生福祉,不断增强人民群众的获得感、幸福感、安全感和认同感,为实现共同富裕提供浙江示范。

(二)工作原则。

——坚持党的全面领导。坚定维护党中央权威和集中统一领导,充分发挥党总揽全局、协调各方的领导核心作用,坚持和完善中国特色社会主义制度,把党的政治优势和制度优势转化为推动共同富裕示范区建设、广泛凝聚各方共识的强大动力和坚强保障。

——坚持以人民为中心。坚持发展为了人民、发展依靠人民、发展成果由人民共享,始终把人民对美好生活的向往作为推动共同富裕的奋斗目标,瞄准人民群众所忧所急所盼,在更高水平上实现幼有所育、学有所教、劳有所得、病有所医、老有所养、住有所居、弱有所扶。

——坚持共建共享。弘扬勤劳致富精神,鼓励劳动者通过诚实劳动、辛勤劳动、创新创业实现增收致富,不断提高劳动生产率和全要素生产率。充分发挥市场在资源配置中的决定性作用,更好发挥政府作用,体现效率、促进公平,坚决防止两极分化,在发展中补齐民生短板,让发展成果更多更公平惠及人民群众。

——坚持改革创新。坚定不移推进改革,推动有利于共同富裕的体制机制不断取得新突破,着力破除制约高质量发展高品质生活的体制机制障碍,强化有利于调动全社会积极性的重大改革开放举措。坚持创新在现代化建设全局中的核心地位,深入实施创新驱动发展战略,率先在推动共同富裕方面实现理论创新、实践创新、制度创新、文化创新。

——坚持系统观念。立足当前、着眼长远,统筹考虑需要和可能,按照经济社会发展规律循序渐进,脚踏实地、久久为功,不吊高胃口、不搞"过头事",尽力而为、量力而行,注重防范化解重大风险,使示范区建设与经济发展阶段相适应、与现代化建设进程相协调,不断形成推动共同富裕的阶段性标志性成果。

（三）战略定位。

——高质量发展高品质生活先行区。率先探索实现高质量发展的有效路径，促进城乡居民收入增长与经济增长更加协调，构建产业升级与消费升级协调共进、经济结构与社会结构优化互促的良性循环，更好满足人民群众品质化多样化的生活需求，富民惠民安民走在全国前列。

——城乡区域协调发展引领区。坚持城乡融合、陆海统筹、山海互济，形成主体功能明显、优势互补、高质量发展的国土空间开发保护新格局，健全城乡一体、区域协调发展体制机制，加快基本公共服务均等化，率先探索实现城乡区域协调发展的路径。

——收入分配制度改革试验区。坚持按劳分配为主体、多种分配方式并存，着重保护劳动所得，完善要素参与分配政策制度，在不断提高城乡居民收入水平的同时，缩小收入分配差距，率先在优化收入分配格局上取得积极进展。

——文明和谐美丽家园展示区。加强精神文明建设，推动生态文明建设先行示范，打造以社会主义核心价值观为引领、传承中华优秀文化、体现时代精神、具有江南特色的文化强省，实现国民素质和社会文明程度明显提高、团结互助友爱蔚然成风、经济社会发展全面绿色转型，成为人民精神生活丰富、社会文明进步、人与自然和谐共生的幸福美好家园。

（四）发展目标。到2025年，浙江省推动高质量发展建设共同富裕示范区取得明显实质性进展。经济发展质量效益明显提高，人均地区生产总值达到中等发达经济体水平，基本公共服务实现均等化；城乡区域发展差距、城乡居民收入和生活水平差距持续缩小，低收入群体增收能力和社会福利水平明显提升，以中等收入群体为主体的橄榄型社会结构基本形成，全省居民生活品质迈上新台阶；国民素质和社会文明程度达到新高度，美丽浙江建设取得新成效，治理能力明显提升，人民生活更加美好；推动共同富裕的体制机制和政策框架基本建立，形成一批可复制可推广的成功经验。

到 2035 年,浙江省高质量发展取得更大成就,基本实现共同富裕。人均地区生产总值和城乡居民收入争取达到发达经济体水平,城乡区域协调发展程度更高,收入和财富分配格局更加优化,法治浙江、平安浙江建设达到更高水平,治理体系和治理能力现代化水平明显提高,物质文明、政治文明、精神文明、社会文明、生态文明全面提升,共同富裕的制度体系更加完善。

二、提高发展质量效益,夯实共同富裕的物质基础

(五)大力提升自主创新能力。以创新型省份建设为抓手,把科技自立自强作为战略支撑,加快探索社会主义市场经济条件下新型举国体制开展科技创新的浙江路径。实施好关键核心技术攻关工程,强化国家战略科技力量,为率先实现共同富裕提供强劲内生动力。支持布局重大科技基础设施和平台,建设创新策源地,打造"互联网+"、生命健康、新材料科创高地。高水平建设杭州、宁波温州国家自主创新示范区,深化国家数字经济创新发展试验区建设,强化"云上浙江"和数字强省基础支撑,探索消除数字鸿沟的有效路径,保障不同群体更好共享数字红利。畅通创新要素向企业集聚通道,鼓励企业组建创新联合体和知识产权联盟,建设共性技术平台。加大对科技成果应用和产业化的政策支持力度,打造辐射全国、链接全球的技术交易平台。

(六)塑造产业竞争新优势。巩固壮大实体经济根基,夯实共同富裕的产业基础。加快推进产业转型升级,大力推动企业设备更新和技术改造,推动传统产业高端化、智能化、绿色化发展,做优做强战略性新兴产业和未来产业,培育若干世界级先进制造业集群,打响"浙江制造"品牌。促进中小微企业专精特新发展,提升创新能力和专业化水平。推动农村一二三产业融合发展,建设农业现代化示范区,做精农业特色优势产业和都市农业,发展智慧农业。加快服务业数字化、标准化、品牌化发展，推动现代服务业同先进制造业、现代农业深度融合。畅通金融服务实体经济渠道。

（七）提升经济循环效率。落实构建新发展格局要求，贯通生产、分配、流通、消费各环节，在率先实现共同富裕进程中畅通经济良性循环。深化供给侧结构性改革，扩大优质产品和服务消费供给，加快线上线下消费双向深度融合。支持适销对路的优质外贸产品拓宽内销渠道。加快构建现代流通体系，推动海港、陆港、空港、信息港"四港"联动。统筹推进浙江自由贸易试验区各片区联动发展，开展首创性和差别化改革探索。畅通城乡区域经济循环，破除制约城乡区域要素平等交换、双向流动的体制机制障碍，促进城乡一体化、区域协调发展。支持浙江发挥好各地区比较优势，加强大湾区大花园大通道大都市区建设。更加主动对接上海、江苏、安徽，更好融入长三角一体化发展。加快建设"一带一路"重要枢纽，大力发展数字贸易、服务贸易，发展更高水平开放型经济。

（八）激发各类市场主体活力。推动有效市场和有为政府更好结合，培育更加活跃更有创造力的市场主体，壮大共同富裕根基。高水平推动浙江杭州区域性国资国企综合改革试验，完善国有资产监管体制，规范有序开展混合所有制改革，做强做优做大国有资本和国有企业，充分发挥国有经济战略支撑作用。完善产权保护制度，构建亲清政商关系，促进非公有制经济健康发展和非公有制经济人士健康成长，破除制约民营企业发展的各种壁垒，完善促进中小微企业和个体工商户发展的法律环境和政策体系，建立企业减负长效机制。加快建设高标准市场体系，持续优化市场化法治化国际化营商环境，实施统一的市场准入负面清单制度。坚持发展和规范并重，建立健全平台经济治理体系，督促平台企业承担质量和安全保障等责任，推动平台经济为高质量发展和高品质生活服务。加大反垄断和反不正当竞争执法司法力度，提升监管能力和水平，实现事前事中事后全链条监管,防止资本无序扩张。

三、深化收入分配制度改革,多渠道增加城乡居民收入

(九)推动实现更加充分更高质量就业。强化就业优先政策,坚持经济发展就业导向,扩大就业容量,提升就业质量,促进充分就业。支持和规范发展新就业形态,完善促进创业带动就业、多渠道灵活就业的保障制度。统筹各类职业技能培训资金,合理安排就业补助资金,健全统筹城乡的就业公共服务体系。鼓励返乡入乡创业。完善重点群体就业支持体系,帮扶困难人员就业。创造公平就业环境,率先消除户籍、地域、身份、性别等影响就业的制度障碍,深化构建和谐劳动关系,推动劳动者通过辛勤劳动提高生活品质。

(十)不断提高人民收入水平。优化政府、企业、居民之间分配格局,支持企业通过提质增效拓展从业人员增收空间,合理提高劳动报酬及其在初次分配中的比重。健全工资合理增长机制,完善企业薪酬调查和信息发布制度,合理调整最低工资标准,落实带薪休假制度。完善创新要素参与分配机制,支持浙江加快探索知识、技术、管理、数据等要素价值的实现形式。拓宽城乡居民财产性收入渠道,探索通过土地、资本等要素使用权、收益权增加中低收入群体要素收入。丰富居民可投资金融产品,完善上市公司分红制度。鼓励企业开展员工持股计划。深入推进农村集体产权制度改革,巩固提升农村集体经济,探索股权流转、抵押和跨社参股等农村集体资产股份权能实现新形式。立足当地特色资源推动乡村产业发展壮大,完善利益联结机制,让农民更多分享产业增值收益。支持浙江率先建立集体经营性建设用地入市增值收益分配机制。

(十一)扩大中等收入群体。实施扩大中等收入群体行动计划,激发技能人才、科研人员、小微创业者、高素质农民等重点群体活力。加大人力资本投入力度,健全面向劳动者的终身职业技能培训制度,实施新时代浙江工匠培育工程,加快构建产教训融合、政企社协同、育选用贯通的技术技能人才培养培训体系，完善技能人才薪酬分配政策，拓宽技术工人上升通道。对有劳动能力的低收入群体，坚持开发式帮扶，提高内生发展能力，着力发展产业使其积极参与就业。拓展基层发展空间，保障不同群体发展机会公平，推动更多低收入群体迈入中等收入群体行列。规范招考选拔聘用制度，完善评价激励机制。完善党政机关、企事业单位和社会各方面人才顺畅流动的制度体系。实行更加开放的人才政策，激发人才创新活力。

（十二）完善再分配制度。支持浙江在调节收入分配上主动作为，加大省对市县转移支付等调节力度和精准性，合理调节过高收入。依法严厉惩治贪污腐败，继续遏制以权力、行政垄断等非市场因素获取收入，取缔非法收入。优化财政支出结构，加大保障和改善民生力度，建立健全改善城乡低收入群体等困难人员生活的政策体系和长效机制。

（十三）建立健全回报社会的激励机制。鼓励引导高收入群体和企业家向上向善、关爱社会，增强社会责任意识，积极参与和兴办社会公益事业。充分发挥第三次分配作用，发展慈善事业，完善有利于慈善组织持续健康发展的体制机制，畅通社会各方面参与慈善和社会救助的渠道。探索各类新型捐赠方式，鼓励设立慈善信托。加强对慈善组织和活动的监督管理，提高公信力和透明度。落实公益性捐赠税收优惠政策，完善慈善褒奖制度。

四、缩小城乡区域发展差距，实现公共服务优质共享

（十四）率先实现基本公共服务均等化。推进城乡区域基本公共服务更加普惠均等可及，稳步提高保障标准和服务水平。推动义务教育优质均衡发展，建成覆盖城乡的学前教育公共服务体系，探索建立覆盖全省中小学的新时代城乡教育共同体，共享"互联网＋教育"优质内容，探索终身学习型社会的浙江示范，提高人口平均受教育年限和综合能力素质。深入实施健康浙江行动，加快建设强大的公共卫生体系，深化县域医共体和城市医联体建设,推动优质医疗资源均衡布局。积极应对人口老龄化,提高优生优育服务水平,大力发展普惠托育服务体系,加快建设居家社区机构相协调、医养康养相结合的养老服务体系,发展普惠型养老服务和互助性养老。健全全民健身公共服务体系。

(十五)率先实现城乡一体化发展。高质量创建乡村振兴示范省,推动新型城镇化与乡村振兴全面对接,深入探索破解城乡二元结构、缩小城乡差距、健全城乡融合发展的体制机制。推动实现城乡交通、供水、电网、通信、燃气等基础设施同规同网。推进以人为核心的新型城镇化,健全农业转移人口市民化长效机制,探索建立人地钱挂钩、以人定地、钱随人走制度,切实保障农民工随迁子女平等接受义务教育,逐步实现随迁子女入学待遇同城化。促进大中小城市与小城镇协调发展。推进以县城为重要载体的城镇化建设,推进空间布局、产业发展、基础设施等县域统筹,赋予县级更多资源整合使用的自主权。以深化"千村示范、万村整治"工程牵引新时代乡村建设。

(十六)持续改善城乡居民居住条件。坚持房子是用来住的、不是用来炒的定位,完善住房市场体系和住房保障体系,确保实现人民群众住有所居。针对新市民、低收入困难群众等重点群体,有效增加保障性住房供给。对房价比较高、流动人口多的城市,土地供应向租赁住房建设倾斜,探索利用集体建设用地和企事业单位自有闲置土地建设租赁住房,扩大保障性租赁住房供给,加快完善长租房政策,使租购住房在享受公共服务上具有同等权利。全面推进城镇老旧小区改造和社区建设,提升农房建设质量,加强农村危房改造,探索建立农村低收入人口基本住房安全保障机制,塑造江南韵、古镇味、现代风的新江南水乡风貌,提升城乡宜居水平。

(十七)织密扎牢社会保障网。完善社会保障制度,加快实现法定人员全覆盖,建立统一的社保公共服务平台,实现社保事项便捷"一网通办"。健全多层次、多支柱养老保险体系,大力发展企业年金、职业年金、个人储蓄型养老保险和商业养老保险。规范执行全国统一的社保费率标准。推动基本医疗保险、失业保险、工伤保险省级统筹。健全重大疾病医疗保险制度。做好长期护理保险制度试点工作,积极发展商业医疗保险。健全灵活就业人员社保制度。健全统一的城乡低收入群体精准识别机制,完善分层分类、城乡统筹的社会救助体系,加强城乡居民社会保险与社会救助制度的衔接,按困难类型分类分档及时给予专项救助、临时救助,切实兜住因病、因灾致贫等困难群众基本生活底线。保障妇女儿童合法权益,完善帮扶残疾人、孤儿等社会福利制度。

(十八)完善先富带后富的帮扶机制。加快推进省以下财政事权和支出责任划分改革,加大向重点生态功能区的转移支付力度。强化陆海统筹,升级山海协作工程,挖掘海域和山区两翼的潜力优势,支持一批重点生态功能区县增强内生发展能力和实力,带动山区群众增收致富。全域参与海洋经济发展,建设海洋强省。探索建立先富帮后富、推动共同富裕的目标体系、工作体系、政策体系、评估体系。深入实施东西部协作和对口支援,持续推进智力支援、产业支援、民生改善、文化教育支援,加强对省外欠发达地区帮扶,大力推进产业合作、消费帮扶和劳务协作,探索共建园区、飞地经济等利益共享模式。完善社会力量参与帮扶的长效机制。

五、打造新时代文化高地,丰富人民精神文化生活

(十九)提高社会文明程度。推动学习贯彻习近平新时代中国特色社会主义思想走深走心走实,实现理想信念教育常态化制度化。坚持以社会主义核心价值观为引领,加强爱国主义、集体主义、社会主义教育,厚植勤劳致富、共同富裕的文化氛围。推进公民道德建设,支持培育"最美浙江人"等品牌。扎实推进新时代文明实践中心建设,深入实施文明创建工程,打造精神文明高地。完善覆盖全省的现代公共文化服务体系，提高城乡基本公共文化服务均等化水平，深入创新实施文化惠民工程，优化基层公共文化服务网络。弘扬诚信文化，推进诚信建设，营造人与人之间互帮互助、和睦友好的社会风尚。加强家庭家教家风建设，健全志愿服务体系，广泛开展志愿服务关爱行动。

（二十）传承弘扬中华优秀传统文化、革命文化、社会主义先进文化。传承弘扬中华优秀传统文化，充分挖掘浙江文化优势，深入推进大运河国家文化公园、大运河文化带建设，振兴非遗记忆。传承红色基因，大力弘扬革命文化，提升爱国主义教育基地建设水平。实施重大文化设施建设工程，打造具有国际影响力的影视文化创新中心和数字文化产业集群，提供更多优秀文艺作品、优秀文化产品和优质旅游产品，更好满足人民群众文化需求。

六、践行绿水青山就是金山银山理念，打造美丽宜居的生活环境

（二十一）高水平建设美丽浙江。支持浙江开展国家生态文明试验区建设，绘好新时代"富春山居图"。强化国土空间规划和用途管控，优化省域空间布局，落实生态保护、基本农田、城镇开发等空间管控边界。坚持最严格的耕地保护制度和最严格的节约用地制度，严格规范执行耕地占补平衡制度，对违法占用耕地"零容忍"，坚决有效遏制增量，依法有序整治存量，强化耕地数量保护和质量提升。深化生态文明体制改革，实行最严格的生态环境保护制度，健全明晰高效的自然资源资产产权制度。坚持山水林田湖草系统治理，全面提升生物多样性保护水平。完善生态保护补偿机制，推广新安江等跨流域共治共保共享经验。继续打好蓝天、碧水、净土保卫战，强化多污染物协同控制和区域协同治理，推进生态环境持续改善。推进海岸带综合保护与利用。推进海岛特色化差异化发展，加强海岛生态环境保护。

（二十二）全面推进生产生活方式绿色转型。拓宽绿水青山就是金山银山转化通道，建立健全生态产品价值实现机制，探索完善具有浙江特点的生态系统生产总值（GEP）核算应用体系。高标准制定实施浙江省碳排放达峰行动方案。推进排污权、用能权、用水权市场化交易，积极参与全国碳排放权交易市场。大力发展绿色金融。全面促进能源资源节约集约利用，进一步推进生活垃圾分类，加快构建家电、汽车等废旧物资循环利用体系。深化"无废城市"建设。大力推行简约适度、绿色低碳、文明健康的生活方式，广泛开展绿色生活创建行动，促进人与自然和谐共生。

七、坚持和发展新时代"枫桥经验"，构建舒心安心放心的社会环境

（二十三）以数字化改革提升治理效能。强化数字赋能，聚焦党政机关整体智治、数字经济、数字社会、数字政府、数字法治等领域，探索智慧治理新平台、新机制、新模式。推进"互联网+放管服"，全面推行"掌上办事""掌上办公"。深化"一件事"集成改革。健全党组织领导的自治、法治、德治、智治融合的城乡基层治理体系，完善基层民主协商制度，推进市域社会治理现代化，建设人人有责、人人尽责、人人享有的社会治理共同体。推进"最多跑一地"改革，完善县级社会矛盾纠纷调处化解中心工作机制。

（二十四）全面建设法治浙江、平安浙江。健全覆盖城乡的公共法律服务体系，加大普法力度，推动尊法学法守法用法，促进公平正义，建设法治社会。构建全覆盖的政府监管体系和行政执法体系。高水平建设平安中国示范区，把保护人民生命安全摆在首位，加强社会治安防控体系建设，全面提高公共安全保障能力。建立健全覆盖各领域各方面的风险监测防控平台，健全防范化解重大风险挑战体制机制，守住不发生系统性风险底线。

八、保障措施

（二十五）坚持和加强党的全面领导。把党的领导贯穿推动浙江高质量发展建设共同富裕示范区的全过程、各领域、各环节。落实全面从严治党主体责任、监督责任，持之以恒加强党风廉政建设，不断深化清廉浙江建设，营造风清气正的良好政治生态。以正确用人导向引领干部干事创业，落实"三个区分开来"要求，做好容错纠错工作，加强对敢担当善作为干部的激励保护。

（二十六）强化政策保障和改革授权。中央和国家机关有关部门要结合自身职能，加强对浙江省的指导督促，根据本意见有针对性制定出台专项政策，优先将本领域改革试点、探索示范任务赋予浙江，并加强对改革试验、政策实施的监督检查。根据浙江高质量发展建设共同富裕示范区需要，在科技创新、数字化改革、分配制度改革、城乡区域协调发展、公共服务、生态产品价值实现等方面给予改革授权。涉及重要政策、重要规划、重大项目的，要依法依规办理并按程序报批。有关改革政策措施凡涉及调整现行法律或行政法规的，按法定程序经全国人大常委会或国务院统一授权后实施。

（二十七）建立评价体系和示范推广机制。加快构建推动共同富裕的综合评价体系，建立评估机制，坚持定量与定性、客观评价与主观评价相结合，全面反映共同富裕示范区建设工作成效，更好反映人民群众满意度和认同感。建立健全示范推广机制，及时总结示范区建设的好经验好做法，归纳提炼体制机制创新成果，成熟一批、推广一批，发挥好对全国其他地区的示范带动作用。

（二十八）完善实施机制。健全中央统筹、省负总责、市县抓落实的实施机制。依托推动长三角一体化发展领导小组，加强对浙江建设共同富裕示范区的统筹指导，国家发展改革委牵头设立工作专班负责协调推进本意见提出的任务措施。浙江省要切实承担主体责任，增强敢闯敢试、改革破难的担当精神，始终保持奋进姿态，立足省情和发展实际，制定具体实施方案，充分动员各方力量，不断开辟干在实处、走在前列、勇立潮头新境界。重大事项及时向党中央、国务院请示报告。

图书在版编目（CIP）数据

共同富裕：浙江实践的典型案例／余丽生等著．
—北京：经济科学出版社，2021.10（2023.6重印）
（浙江省高校新型智库地方财政研究院智库丛书）
ISBN 978-7-5218-2934-1

Ⅰ.①共…　Ⅱ.①余…　Ⅲ.①共同富裕-研究-浙江
Ⅳ.①F127.55

中国版本图书馆 CIP 数据核字（2021）第 200810 号

责任编辑：赵　蕾
责任校对：刘　昕
责任印制：范　艳

共同富裕：浙江实践的典型案例
余丽生　等／著
经济科学出版社出版、发行　新华书店经销
社址：北京市海淀区阜成路甲 28 号　邮编：100142
总编部电话：010-88191217　发行部电话：010-88191540
网址：www.esp.com.cn
电子邮箱：esp@esp.com.cn
天猫网店：经济科学出版社旗舰店
网址：http://jjkxcbs.tmall.com
北京季蜂印刷有限公司印装
710×1000　16 开　16.5 印张　210000 字
2021 年 10 月第 1 版　2023 年 6 月第 3 次印刷
ISBN 978-7-5218-2934-1　定价：68.00 元
（图书出现印装问题，本社负责调换。电话：010-88191510）
（版权所有　翻印必究　举报电话：010-88191586
电子邮箱：dbts@esp.com.cn）